Rolf-Bernhard Essig
Dr. Essigs Sprichwort-Apotheke

Rolf-Bernhard Essig

Dr. Essigs Sprichwort-Apotheke

Für alle Lebenslagen

FREIBURG · BASEL · WIEN

© Verlag Herder GmbH, Freiburg im Breisgau 2024
Alle Rechte vorbehalten
www.herder.de

Umschlaggestaltung: © Verlag Herder
Umschlagmotivund Vignetten im Innenteil:
© flovie / GettyImages, © ricochet64/GettyImages

Satz: Arnold & Domnick, Leipzig

Herstellung: PBtisk a.s, Příbram
Printed in Czech Republic

ISBN 978-3-451-39713-4

Inhalt

Mehr als „Heile, heile, Segen!"
Warum Sprichwörter wirklich helfen können 9

„Wenn gute Reden sie begleiten …"
Das Sprichwort als Motto und Tonikum 17

Sei klug, mein Herz!:
Bei Liebeskummer, Liebesverwirrung, Liebesstreit
und Eifersucht 25

Die bucklige Verwandtschaft
Familienleiden groß und klein 39

Auch andere drückt der Schuh
Der nützliche Perspektivenwechsel 49

Trau, schau, wem!
Wenn Neid, Missgunst und Misstrauen plagen 57

Nicht mehr auf dem Damm
Bei Krankheiten leichter bis mittelschwerer Art 69

Acht Stunden sind kein Tag
Bei Ärger, Missempfindungen und Leiden im Beruf 81

Wie gewonnen, so zerronnen
Wenn Vergesslichkeit, Konzentrationsschwäche
und Verluste von Dingen quälen 91

„Wie bin ich vorgespannt den Kohlenwagen meiner Trauer"
Bei Traurigkeit, Schwermut und Hoffnungslosigkeit 103

Träume sind nicht nur Schäume
Bei Wirklichkeitsflucht, Tagträumerei und
Traumverlorenheit 115

Warum in die Ferne schweifen?
Bei Fernweh und Reiseproblemen,
aber auch bei Heimweh 125

Erstens kommt es anders und zweitens …
Wenn Erwartungen und Pläne durchkreuzt werden 137

Im Ärger tanzen Wahnsinn und Wahrheit
Bei Enttäuschungen durch Menschen,
Ärgerattacken und Wutanfällen. 147

Die Furcht hat große Augen
Bei Unsicherheit, Ängstlichkeit und Selbstzweifeln 157

Aus dem Quark kommen
Bei Antriebslosigkeit, dumpfem Brüten und Passivität . . . 169

Altwerden ist nichts für Feiglinge
Wenn die Jahre Beschwerden machen 177

Sei gut zu dir!
Pflegende Sprichwörter und ein paar
internationale Gesundheitsweisheiten zum Schluss 185

Das *Regenwasser* enthält
kein Salz, das Sprichwort keine Lüge.
(Mongolei)

Ein *Sprichwort* ist das Blatt,
das man braucht, um ein Wort zu essen.
(Ghana)

Mehr als „Heile, heile, Segen!"

Warum Sprichwörter wirklich helfen können

Bei kleinen Kindern zaubern einfache Worte Schmerzen fort: „Heile, heile Segen! Morgen gibt es Regen, übermorgen Schnee. Tut gar nicht mehr weh!" Die Verse gibt es in vielen Varianten. Oft können sie über einen kleinen Unfall hinwegtrösten, Schmerzen lindern und vielleicht sogar aufheitern.

Sprichwörter können das auch, seit mindestens dreitausend Jahren. Sie entstanden damals vielleicht aus Beschwörungsformeln und Gebeten. Immer waren es kurze Sätze. Immer waren sie lehrreich. Immer lohnte es sich, über sie ein wenig nachzudenken. Auf dem antiken Apollo-Tempel in Delphi standen solche Sprichwörter. Die meisten Griechen kannten die Inschriften.

Da stand zum Beispiel: „Niemals zu viel!" Ein guter Rat, kurz, knapp. Nur, wann genau ist es zu viel? Ein zweites berühmtes Sprichwort, das in den Stein des Tempels gemeißelt war, lautete: „Erkenne dich selbst." Das ist richtig und wichtig. Wer sich selbst erkennt, kann besser leben. Man erkennt leichter, wenn andere einen zu etwas bringen wollen, das unpassend, demütigend oder gar gefährlich ist. Den Weg zur Selbsterkenntnis muss man gleichwohl selbst finden.

Sprichwörter verwendet man seit der Antike in allen Schichten der Gesellschaft, in der Erziehung, in der Politik, im Militär, in der Religion. Und ganz besonders häufig im Alltag der einfachen Menschen. Sprichwörter ersetzten oft die Schule, den Arzt und die Apotheke. Nicht wenige überlieferten ganz direkt uraltes Heilwissen: „Gut gekaut ist halb verdaut." Das sagte man sich bei Verdauungsbeschwerden. Und die Medizin heute bestätigt, warum und wie genau dieser Rat in Sprichwortform wirkt. „Sauer macht lustig." Das bedeutete vor Jahrhunderten: „Wer unter Appetitlosigkeit leidet, der soll etwas Saures essen." Heute hat man den Hintergrund vergessen und denkt nur an die lustige Miene, die jemand macht, wenn er eine Zitrone auch nur ansieht. Selbst daran merkt man, wie richtig das Sprichwort im Grunde ist. Wenn sich die Mundwinkel zusammenziehen und der Speichelfluss unwillkürlich angeregt wird, fällt das Essen sicher leichter. Zugegeben, manches Heilsprichwort erweist sich heute als bloßer Aber- oder Fehlglaube, aber sehr viele sind so einfach wie bedenkenswert. „An apple a day keeps the doctor away" muss man dabei eher als Rat verstehen, regelmäßig Obst zu essen. Noch mehr medizinische Wahrheit hat das ältere Sprichwort aus Norddeutschland: „Eine Zwiebel am Tach hält den Doktor in Schach."

Wollen Sie noch mehr volkstümliche Gesundheitsratschläge? Helmut A. Seidl sammelte in seinem Werk *Medizinische Sprichwörter* auf über 500 Seiten eine beeindruckende Menge und untersucht darin ihre Grundlagen und ihren Wert nach dem Urteil der aktuellen Medizin.

Schon dieses Buch belegt: Sprichwörter wirken weit über die Heilung des Körpers hinaus. Es gibt noch viele mehr. Besonders beeindruckend ist Frank Detjes psychologische Doktorarbeit *Sprichwörter und Handeln* mit nicht weniger als 3400 Beispielen. Darin analysiert er, wann und wie Menschen welche Sprichwörter benutzen und was sie für durchweg hilfreiche Wirkungen haben, gerade im Alltag. Fällt die teure Blumenvase herunter, sagt man fast automatisch: „Scherben bringen Glück!" Dies Sprichwort wurde mit größter Wahrscheinlichkeit nur erfunden, um über einen teuren Bruchschaden von Glas oder Porzellan hinwegzuhelfen; und doch funktioniert es noch heute als zumindest kleiner Trost durch den Aberglauben an ein gutes Omen. Detje klärt ebenfalls den überraschenden Umstand auf, warum Sprichwörter sich nicht selten widersprechen. Sie sind, wie er darlegt, nicht Handlungsanweisungen mit immergültiger Wahrheit. Vielmehr unterstützen sie in ihrer bündigen Formulierung, ihrer leichten Merkbarkeit und ihrem Ansehen einen Menschen in seinen Handlungen und in unterschiedlichsten Lagen. Deshalb ist es so wichtig, möglichst viele Sprichwörter zu kennen, um das jeweils für einen ideale auszuwählen und es als Unterstützung zu benutzen.

Es stimmt, dass Sprichwörter auch von bösen, dummen, gedankenlosen Menschen missbraucht wurden, aber das entwertet sie nicht im Allgemeinen, sondern höchstens im Einzelnen. Genügend historische Belege beweisen, wie sie sogar in extremen Situationen der Not, Verfolgung und Bedrohung das eigene Überleben oder das sehr vieler Menschen sichern können. Tja, wie weiß der alte Werbespruch für Beton, der längst selbst sprichwörtlich ist: „Es kommt darauf an, was man draus macht."

Ein Allheilmittel sind Sprichwörter natürlich nicht. Manchmal muss man einfach schweigen, aushalten, verzweifeln, einen Arzt oder Apotheker aufsuchen … Sprichwörter wirken auch nicht augenblicklich. Wer sich ermuntert mit „Ein Indianer kennt keinen Schmerz", fühlt ihn schon noch. Liebeskummer löst sich nicht in Luft auf, sagt man sich: „Lass ihn zischen, jibt 'nen Frischen!" Unsicherheit weicht nicht gleich der mutigen Tat, wenn wir das Sprichwort sagen: „Den Tapferen hilft das Glück." Aber sehr, sehr oft hilft es, in schwierigen, bedrückenden Lagen, nicht sprachlos zu sein, sondern stattdessen Worte zu finden und zu sagen, die wegen ihres Alters, ihrer Weisheit und ihrer Form eine eigentümliche Kraft entwickeln. Wie oft weitet sich dank dem passenden Sprichwort unser Horizont, wie leicht gewinnen wir an innerer Freiheit des Denkens, an Souveränität, Entschlusskraft und Stärke!

Weil die passenden so eine besondere Kraft haben, ist es, wie schon erwähnt, überaus wichtig, sehr viele Sprichwörter zu kennen oder finden zu können. Die 17 weiteren Kapitel des Buchs bieten aus diesem Grund für viele Lebenslagen viele Sprichwörter aus Deutschland und aller Welt. Beim Durchlesen werden Sie mit größter Wahrscheinlichkeit spontan erkennen, welches für Sie genau das richtige, das hilfreiche, das heilsame ist.

Ich erlebe seit meiner Kindheit bei mir selbst und anderen, wie märchenhaft das optimale Sprichwort wirken kann, wie lange und wie nachhaltig. Außerdem erfuhr ich bei tausend Auftritten mit meinen Sprichwort-Programmen und als Reaktion auf TV- und Radiosendungen oder im Internet von Hunderten ähnlicher Fälle. Die kleinen, feinen Sätze gleichen Impulsen, Anstößen oder einer Art hilfreichen Unterbrechern. Ein Blick in das Buch und die Erkenntnis, dass hier das richtige Sprichwort steht, möge die Augen öffnen, das Herz, den Verstand, und das Wichtigste ist dann ein Innehalten, um eine Wirkung zu unterstützen. Wie beim Stein, der ins Wasser geworfen wird, breiten sich im besten Fall konzentrische Ringe befreiender Gedanken im Inneren aus.

Ein Sprichwort ähnelt manchmal freilich einer bitteren Medizin und einem nicht immer angenehmen Blick in den Spiegel der Selbsterkenntnis, das darf nicht verschwiegen werden: „Wenn du mit dem Finger auf andere zeigst, zeigen drei auf dich selbst." Das heißt: Was dich an anderen besonders ärgert, hat oft etwas mit dir selbst zu tun. Oder: „Die eigene Nase ist immer lang genug, um sich daran zu fassen." Oder: „Wer andere mit Dreck bewirft, kann nicht sauber bleiben."

Auch kann das Buch kein umfassendes Heilungsversprechen geben. Wer sich dank des Sprichworts „Die Liebe ist wie der Tau – sie fällt auf Rosen und Kuhfladen" aus einer quälenden Beziehung löst, fühlt sich danach nicht gleich wieder gut. Wer das japanische Sprichwort beherzigt: „Achte auf gute Gesellschaft, vor allem, wenn du allein bist", wird die Einsamkeit besser ertragen und sie doch weiter verspüren. Stellen Sie sich darauf ein, Überraschungen zu erleben, Bestärkung zu erfahren, erstaunlich konkrete Ratschläge zu finden, unerwartete Hilfe und manchmal bloß eine tiefe Verwirrung, die umso produktiver sein kann.

Risiken? Sind mir nicht bekannt. Nebenwirkungen ebenso wenig, beziehungsweise ausschließlich positive, soweit man sich selbst mit Sprichwörtern stärkt und sie nicht missionarisch anderen aufdrängt. In welchen Lebenslagen Sie die *Sprichwort-Apotheke* aufsuchen sollten? Das erklärt das ausführliche Inhaltsverzeichnis. Was Sie an Heilmitteln erwartet? Die besten deutschen und internationalen Sprichwörter zur jeweiligen Situation. Zur anregenden Auflockerung erwarten Sie zwischendrin noch ein paar heitere Sprichwortgeschichten.

Ach ja, deutsche Sprichwörter sind nicht weiter gekennzeichnet. Bei allen anderen steht in der Klammer das Herkunftsland, die Sprache oder der Urheber.

„Wenn gute Reden sie begleiten..."

Das Sprichwort als Motto und Tonikum

Wer ein vertrauensvolles Verhältnis zu seiner Apotheke hat, sucht sie nicht nur auf, wenn die Leiden da sind, sondern auch um Pflegendes und Stärkung zu finden: für die Haut, für die Haare, für den Hals … Guter Rat und freundliche Worte kommen dazu, und schon geht man mit besserem Gefühl und mehr Energie in den Alltag.

Deshalb folgt hier zu Beginn eine Abteilung mit Sprichwörtern, die wie ein Booster oder ein Tonikum voll positiver Energie stecken. Sie stärken das Selbstbewusstsein, die Widerstandskraft, sie pflegen die Schutzschicht zwischen Ich und Umwelt, sie unterstützen eine der wichtigsten Charaktereigenschaften, den Humor, zu dem die Selbstironie gehört. Wer lachen kann, womöglich sogar über sich selbst, kommt besser durch die Welt, ist anderen und sich selbst angenehmer. Wie sagte mir Rafik Schami einmal mit einem syrischen Sprichwort: „Geduld und Humor sind zwei Kamele, mit denen du durch jede Wüste kommst."

Zu den schönsten und nachweisbaren Nebenwirkungen gehört, dass man lächelnd oder lachend die Durchblutung fördert, die Muskulatur entspannt, die Lungen und den Geist freier atmen lässt. Das alte Sprichwort „Lachen ist die beste Medizin" belegt, wie lange man sich dieser Wirkung bewusst ist.

Wie immer gilt auch hier, dass nicht alles für alle das richtige Heilmittel ist. Schauen Sie in Ruhe die Sprichwörter durch, und was Sie anspringt, das nehmen Sie zu sich: Schreiben Sie es sich auf einen Zettel und kleben Sie ihn in die Innenseite Ihrer Handyhülle, schreiben Sie es auf die Innentür des Spiegelschranks oder legen

Sie es an eine Stelle, wo das Sprichwort Sie im Alltag überraschen kann.

Firmen, Institutionen und Staaten verwenden ja längst schon Sprichwörter als Wahlspruch, Motto, Slogan, und mancher Werbespruch wurde selbst zum Sprichwort. Denken Sie an das gute alte Werbesprüchlein „Wer wird denn gleich in die Luft gehen!". Seit etwa 800 Jahren schon wählen sich Adelsfamilien und christliche Orden solche Weisheiten als kurze und umso leichter zu gebrauchende Leitlinie für alle Angehörigen, deutlich später dann auch Firmen und ganze Staaten.

Die Brasilianer sehen „Ordem e progresso", also „Ordnung und Fortschritt", auf ihrer Fahne geschrieben. Frankreich steht zu seinem revolutionären Wahlspruch „Lieberté, Egalité, Fraternité". Die Schweiz wählte sich „Unus pro omnibus, omnes pro uno", also „Einer für alle, alle für einen". Das kennen Sie aus *Die drei Musketiere*? Stimmt, aber die kamen erst nach den Eidgenossen dank Alexandre Dumas auf die schöne Devise. Die drei Fälle zeigen, wie wichtig solche Motti sind. Man kann ihnen mit einem alten Werbespruch bescheinigen: Sie sind „aus Erfahrung gut".

Ein Wahlspruch beschreibt Werte und Ziele, die so langfristig sind, dass er ein Leben lang als Leitlinie dienen kann. Deshalb wählten sich nicht bloß die Mächtigen und Reichen Motti. In allen Schichten fand und findet man das Phänomen, dass ein spezieller Satz durchs Leben begleitet, hilft, schützt und vor allem eine grundlegende Orientierung bietet – wie ein Kompass aus Worten. Vielleicht ist für Sie einer dabei?

Was du tust, tue es gleich, ganz und gern.

Ein Oma-Spruch, zugegeben, und gerade deshalb so beherzigenswert. Ohne Aufschub, ohne Unterbrechung und mit Selbstermunterung geht alles besser.

Beginne ein gewaltiges, närrisches Unternehmen – wie Noah. (Dschalâl ad-Dîn, gen. Rumi)

Vor 800 Jahren schon wusste der Sufi-Weise Rumi, wie Ängste, Selbstzweifel oder Schamgefühle unser Denken beschränken und wie befreiend das Beispiel eines Noah ist. Der baut die rettende Arche lange vor dem großen Regen, obwohl alle ihn verlachen.

Löwe ist Löwe, egal ob Mann, ob Frau. (Kurdisch)

Das Sprichwort weist nach innen wie nach außen. Achte Charakterstärke, Mut und Kraft in dir und in anderen, ohne dich um allgemeine Vorurteile zu kümmern.

Man kann den Wind nicht lenken, aber die Segel anpassen.

Oft verzweifeln wir über das Unabänderliche und vergessen darüber, dass wir es mit Nachdenken und eigener Initiative sogar nutzen können.

Jede Bucht hat ihren eigenen Wind. (Fidschi)

Lass dich von Routine nicht einlullen, rät das Sprichwort, damit du dich den jeweils eigenen Gegebenheiten gemäß verhalten kannst.

Hilf dir selbst, so hilft dir Gott.

In vielen Kulturen gibt es ähnliche Sprichwörter, die alle Selbstverantwortung anraten, ohne das Vertrauen auf Gott oder machtvolle Helfer zu missachten.

Nimm eine Rose, gib eine Rose. (Türkei)

Schöner, duftiger und doch ähnlich wie „Eine Hand wäscht die andere" rät das Sprichwort zur Gegenseitigkeit. Es geht darüber hinaus, indem es anrät, was vielen schwerfällt: Hilfe und Gaben überhaupt anzunehmen.

Wissen ist Macht. (Francis Bacon)

Als Philosoph, Jurist und Politiker wusste Bacon schon vor 400 Jahren genau, wie kraftvoll Kenntnisse in allen Tätigkeiten unterstützen. In knappster Form gibt er auch zu bedenken, dass man mit der Macht des Wissens vorsichtig umzugehen habe.

Das Schicksal begünstigt die Narren. (England / USA)

Heiter hilft der Spruch über eigene Narrheiten und die anderer hinweg, ja er ermuntert und gibt Hoffnung, wenn man sich über Eseleien aller Art grämt.

Man kann die Kuh schlachten oder Milch trinken.

So klar das Sprichwort auf den ersten Blick erscheint, so sehr offen ist es gemeint. Es rät vor allem, die Begleiterscheinungen aller Handlungen im Auge zu behalten und Verlust wie Gewinn abzuwägen.

Solange du atmest, habe Hoffnung. (Antikes Griechenland)

Viele Überlebende aussichtslos scheinender Notlagen berichten davon, dass ihr Festhalten an der Hoffnung wider alle Wahrscheinlichkeit entscheidend war. Das gilt genauso in weniger drastischer Lage.

Steter Tropfen höhlt den Stein. (Antikes Rom)

Die Bedeutung des Sprichworts scheint selbst ausgehöhlt zu sein durch tausendfache Wiederholung, es bleibt aber bedenkenswert: Kleine Ursache verbunden mit unermüdlicher Wiederholung und Zeit führt zu großen Wirkungen.

Ich möge den Weg finden oder ihn mir bahnen. (Antikes Rom)

Forsch, fast frech klingt der Wahlspruch, den der Polarforscher R. E. Peary vor gut 100 Jahren benutzte. Warum nicht? Beides hat Qualitäten und an das zweite zu denken, erweitert die Handlungsoptionen entschieden.

Daran kann man der Hebamme keine Schuld mehr geben.

Der Blick zurück erklärt vielerlei. Irgendwann sollten Erwachsene allerdings die Verantwortung für ihre Lage und ihr Leben vor allem bei sich selbst suchen. Ein befreiender Akt.

Alles hat seine Zeit. (Bibel)

Wer jemals erlebte, wie es ist, den richtigen Zeitpunkt gewählt zu haben, kennt ein besonderes Glück. Um ihn zu erkennen, ist Geduld wichtig, Aufmerksamkeit vor allem und zupackendes Wesen zuweilen – alles zu seiner Zeit eben.

Der Esel trägt sich auf einmal zu Tode.

Ob Dinge, Sorgen oder andere Lasten – überfordere dich nicht und versuche, sie zu verteilen; zeitlich und gern auch einmal auf andere.

Eile ist eine Tochter des Teufels. (Afghanistan)

Der Wettlauf zwischen Hase und Igel belegt es genauso wie Flüchtigkeitsfehler, die wir alle kennen. Um angemessenes Tempo, das auch mal schnell sein darf, geht es nicht.

Die Tinte der Schüler ist heiliger als das Blut der Märtyrer. (Mohammed)

Aufopferung ist eine oft bewunderte Handlungsweise. Mohammed gibt zu bedenken, dass es leichter sein kann, sich so zu verhalten, als auf geduldige Weise Weisheit zu erlangen.

Pflücke den Tag! (Horaz, antikes Rom)

Der Tag als eine Blume: ein schönes Bild. Selbst dunkle Tage macht es bunter, erträglicher. Und es bestärkt darin, aktiv zu sein, immer neu.

Schade! Das Wort „Herzensklugheit" ist so gut wie ausgestorben. Die Tugend, die es beschreibt, zum Glück nicht. Menschen, die mit ebenso viel Verstand wie Gefühl leben, sind bewundernswert. Aber wenn sie verliebt sind …

Die Liebe ist einerseits dafür berühmt, dass sie verwirrt: Herz und Hirn. Im antiken Rom hieß es in schöner Knappheit: „Amantes amentes." Das heißt: „Liebende – Unsinnige." Gibt es andererseits etwas Schöneres als liebende Verrücktheit? Deshalb sagt man ja: „Ich bin verrückt nach dir."

Ein Sprichwort allein kann dieser gewaltigen Macht natürlich kaum etwas entgegensetzen. Darum geht es in diesem Kapitel auch gar nicht. Sprichwörter können allerdings wie enge Vertraute wirken, die einem zuhören, eine Schulter zum Anlehnen und Ausweinen bieten, die richtige Fragen stellen und durch ihre Blicke, ihr Schweigen, ihr Mitgefühl dem Menschen in Liebesnöten unendlich viel ermöglichen. Sie vermögen allerdings nichts ohne die Bereitschaft des Leidenden, sich auf anderes als auf die in ihm wütenden Gefühle einzulassen. Geschieht es, dann ergibt sich vieles Neue.

Da ist vor allem das unschätzbare Innehaltenkönnen. Liebesleiden geht ja so oft einher mit karussellartig in sich kreisenden Gedanken und Sätzen; alle bedrückend. Ein Sprichwort kann das In-sich-hinein-Hören unterstützen. Es kann trösten, und schon deshalb, weil man bemerkt, wie viele offenbar vor einem schon in einer ähnlich schmerzlichen Lage sich befanden. In witziger Form erlaubt ein Sprichwort, über sich oder die leidige Liebe wenigstens für Momente zu lächeln oder zu lachen. Es hilft vielleicht sogar, einer Klärung näherzukommen, wenn man wie hier eine ganze Menge an Liebessprichwörtern liest.

Was für eine Fülle an Alternativen und neuen Gedanken breiten sie vor einem aus! Wie regen sie zum Nachdenken an, zum Zweifeln auch, das oft produktiver ist, als man es sich eingestehen mag. Und dann kann das Glück eintreten, dass sie für Klarheit sorgen im Herzen und im Kopf. Die Liebe kann schmerzlich sein, befreiend, beschämend, beflügelnd. Immer ist Klarheit ein unerhörter Wert in sich selbst. Von ihr aus kann man den weiteren Weg vor sich erkennen. Oft ist es ein Scheideweg. Die Klarheit erlaubt, an dieser Gabelung den eigenen weiteren Weg zu wählen; mit Herzensklugheit.

P. S. Die Sprichwörter folgen hier in bunter Reihe, weil sich in der Liebe so oft die Gefühle und Leiden untrennbar vermischen und eigentümlich überlagern.

Wenn es Rosen sind, werden sie blühen, wenn es Dornen sind, werden sie stechen. (Italien)

Nicht immer prägt der Rausch den Liebesbeginn, manchmal ist da auch Zweifel, der zwiespältig wirkt. Viele erleben ein Quentchen kitzelnde Angstlust, das am Anfang mitschwingt wegen der Unsicherheit, der Hoffnung, der Vorsicht, des rasch wechselnden Glücks und der Träume.

Eifersucht beißt tiefer als Flöhe. (Spanien)

Ja, das ist spöttisch gemeint, aber Eifersucht und übersteigerten Nationalismus findet man nur bei anderen komisch. Und wie tief beißen Flöhe? Kann man Eifersucht vielleicht wie Flöhe knacken?

Die Liebe des Eifersüchtigen ist das Leben eines Kranken.

Schon die Liebe selbst verglich man oft mit Krankheit, umso mehr die desjenigen, der dem anderen alles zutraut und wenig vertraut, sich selbst erst recht nicht.

Die Liebe pflanzen ist nie genug, man muss sie auch begießen.
Ob man sich eine Blume vorstellt, einen Baum oder einen schönen Rosenbusch, immer sieht man, wie da ein vitales Gewächs herrlich gedeiht, weil sich Liebende täglich, aufmerksam, pflegend, hegend, hingebungsvoll darum kümmern.

Wenn man die Liebe zur Tür hinaustreibt, so kommt sie zum Fenster wieder herein.
Das Sprichwort stimmt für beide Seiten, die Treibenden wie die Vertriebenen und erst recht für die unerwarteten Wege der Liebe. Es kann deshalb als Aufforderung zur Hoffnung gelesen werden, als Trost und als Beleg für die Findigkeit dieses einmaligen Gefühls.

Liebe und Blindheit sind Zwillingsschwestern. (Ukraine)
Wir kennen „Liebe macht blind", aber diese Version klingt freundlicher. Das Sprichwort erlaubt noch mehr, die positiven Seiten des Blindseins zu sehen: etwas nachsichtig nicht sehen wollen zum Beispiel, Fehler, Schwächen; erst recht, wenn sie aus blinder Liebe resultieren.

Liebe kriecht, wo sie nicht gehen kann. (England)

Eine Warnung ist es, dem anderen den gemeinsamen Weg gleichberechtigt zu ermöglichen. Ein Rat ist es, mit dem guten Ziel vor Augen auch Mühsal auf sich zu nehmen.

Folge der Liebe und sie wird dich fliehen, fliehe die Liebe und sie wird dir folgen. (Schottland u. a.)

In vielen Fällen ein guter Rat, sich lieber rar zu machen, aber manchmal ist es doch nur ein Stoff für eine Komödie. Am besten an dem Sprichwort ist, dass es den Perspektivenwechsel empfiehlt und mit Handlungsalternativen zu rechnen.

Die Liebe brennt schärfer als die Chili. (Surinam u. a.)

Das Sprichwort hat je nach Liebesleben eine sehr unterschiedliche Bedeutung. „Scharf" und „brennen" kann ja für eine heiße Liebe stehen oder für brennende Schmerzen enttäuschter Liebe.

Aus dem Ei des Mitleids ist schon oft die Liebe gekrochen. (Russland)

An sich ist es nur die Beschreibung einer Tatsache, aber es ist auch die Beschreibung einer Möglichkeit, für die man offen sein darf.

Wo Liebe herrscht, gibt's kein hoch und niedrig. (Japan)
Gut beraten, wer danach handelt. Ging es auch im alten Japan um soziale Rangstufen, bleibt das Sprichwort heute genauso wahr für all die anderen Unterschiede, die Unterlegenheit und Überlegenheit mit sich zu bringen scheinen.

Liebe ist wie Krieg: leicht zu beginnen, schwer zu beenden und nie zu vergessen.
Eine echte Punchline. Und wie eine wirklich gute, kann man sie immer wieder neu lesen: Preist man hier die Macht der Liebe? Ist es eine Klage über ihre Vernichtungskraft? Beschreibt der Satz ihre unerhörte und unvergleichliche Qualität?

Echte Liebe zündet Wasser an.
Erkennt man die unechte also am Gegenteil? Das Sprichwort ist eher als eine Aufforderung zu verstehen, die übernatürliche Kraft dieses Gefühls für möglich zu halten.

Zur Heirat gehört mehr als vier nackte Füße im Bett.
Derb? Wahr! Mit dem Beilager begann früher juristisch die Ehe. Das Sprichwort empfiehlt, sich um das Vorher und Nachher viele gute Gedanken zu machen, so schön eine Heirat sein kann.

Gesuchte Liebe ist gut, aber gefundene ist besser. (Arabisch)
Eine Geschichte illustriert die Bedeutung des Sprichworts.

Ein eher armer Mann mit einer treuen Dienerin liebt die Tochter eines Reichen. Sie spottet nur über ihn. Da träumt der Mann von einem Schatz und macht sich auf den Weg, ihn zu finden. Nach tausend Gefahren und tausend Meilen Weg kehrt er heim, wo ihn die treue Dienerin empfängt. Dort, von wo er aufbrach, hat er dank der Reise unerwartet einen Goldschatz gefunden und zieht nun mit Musikern und prächtigen Geschenken vor das Haus des Reichen. Dessen Tochter ist geblendet von dem Reichtum und will nun sehr gern die Frau des einst Verspotteten werden. Er verneigt sich vor ihr und befiehlt dann seinen Leuten weiterzuziehen – vor sein eigenes Haus. Auf dem Weg und in Gefahr und in Einsamkeit hatte er immer nur an seine treue Dienerin gedacht. Und so hatte er den kostbareren, den wahren Schatz endlich gefunden – in seinem eigenen Haus. Und er heiratete ihn.

Das Gleiche sucht sich, das Rechte findet sich.

Gleich und gleich gesellt sich gern, Gegensätze ziehen sich an, zu ähnlich schlägt keine Funken und, und, und. In allen Fällen ist es das unerwartet wundervoll Passgerechte, was zählt. Deshalb ist es so schwer, eine beglückende Partnervermittlung zu erleben.

Die Liebe regiert ihr Königreich ohne Schwert. (England)
Scharf darf sie sehr gerne sein, die Liebe, nur eben ohne Tyrannei. Unterwerfung und Überwältigung – warum nicht?! Als ein schönes Spiel unter dem Szepter der Liebe!

Liebeszorn ist neuer Liebeszunder.
Funkensprühende Wut bringt viel Kraft mit sich, die Leidenschaften aufflammen lassen kann. Wie ein Sturm die Segel des Liebesschiffs im besten Fall nur umso stärker bläht. Freilich im liebestreuen Maß.

Ein Streit im Nachbarhaus ist erfrischend. (Indien)
„Wie kann man nur!", sagen sich die Liebenden, lächelnd. Die Klugen erinnern sich nämlich eigener Streits und wie schön es ist, einig zu sein, sich zu lieben, und überhaupt.

Der Regen an einem Sommertag ist genauso wie der Streit der Eheleute. (Türkei)
Das Sprichwort spricht nicht nur von Tränen, den salzigen Verwandten des Regens. Es fordert dazu auf, den Streit als Unwetter zu begreifen, das, so gewaltig es sein mag, vorüberziehen wird und das man als fruchtbar erkennen möge.

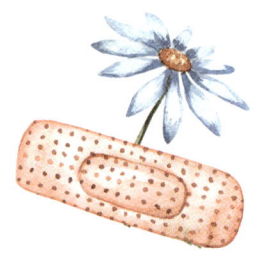

Ein Liebender ist gütiger als ein Vater. (Persien)
Verzeihen aus ganzem Herzen, das ist ein Charakterzug, der Liebende auszeichnen sollte. Die Tat selbst trägt alle Belohnung in sich.

Es gibt kein schönes Gefängnis und keine hässlichen Geliebten.
Immer wieder vergleichen böse Zungen die Ehe und andere Liebesbündnisse als Gefängnis. Schön ist es für Gefangene natürlich nie. Und Geliebte? Die strahlen im Licht der liebenden Blicke, die allen Makel als Bestandteile der Schönheit begreifen.

Liebe lehrt die Esel tanzen.
Esel gelten üblicherweise als schwerfällig und trottend trottelig. Die Liebe aber verleiht ihren Füßen und ihrem Sinn die Fähigkeit zu eleganten Bewegungen.

Menschen und Knackwürste gehen paarweise.
Nun, es mag auch mal ein Trio sein oder mehr, aber das lustige Sprichwort bleibt ansonsten wahr. Als knackige Liebeserklärung wäre es mal auszuprobieren.

Wenn du liebst, wird Fels zur Wiese. (Äthiopien)
Spricht das Sprichwort von den Liebenden oder den Geliebten? Egal! Hier wie dort kann überraschend und schön sich ein neues Leben ergeben.

Wer am meisten liebt, spricht am wenigsten. (Schottland)
Ein Rat, die Liebe nicht in Worten zu ertränken, ist das Sprichwort auch, aber vor allem eine Beobachtung, dass Liebe auf eine Weise beredt macht, die nichts mit Wörtern zu tun hat.

Auf Tränen fährt man zu neuem Glück.
Zu billig dieser Trost? Nun, Bilder sind nicht zu verachten, erst recht wenn man sie sich möglichst detailliert vorstellt und wie die angenehm verrückten im Traum. Auf dem Meer der eigenen Tränen bilden sich dann Wellen, die irgendwann zum Surfen einladen, stürmisch, reizvoll, vorwärts zu einem anderen Liebesstrand.

Liebe und Ringe sind endlose Dinge.
Man muss daran glauben, schon richtig. Und ein berühmter Mann sagte einmal: „Wenn ihr es wollt, ist es kein Märchen."

Wer schläfrig ist, was soll der im Bett der Braut? (Holland)

Schon mal sich selbst wachgekitzelt? Eine kleine Überwindung und ab geht die Post.

Alte Liebe, alte Glut entzünden sich rasch. (Frankreich)

Eine Warnung ist das Sprichwort, sich der Stärke vergangener Verbindungen bewusst zu sein. Eine Ermunterung ist es auch, es in jedem Alter noch einmal wissen zu wollen. Wie sagt man in Bayern: „A oide Hüttn brennt schnell." Und: „Wenn a oide Hüttn brennt, dann gscheit!"

Wenn das Herz brennt, muss der Kopf Wasser holen.

„Ich konnte nicht anders", entschuldigen sich Liebende – auch nach dem Seitensprung. Mit dem Sprichwort im Geldbeutel oder in der Handtasche bräuchten sie es vielleicht nicht oder wüssten besser über die Gründe Bescheid.

Die einfachste Art, zu einer Scheidung zu kommen, ist zu heiraten. (USA)

Es ist sogar die einzige Art, weil eine Vorbedingung. Das ist der Witz. Der bleibt manchem im Hals stecken. Andere sagen sich das Sprichwort bei der Trauung – und lachen der Ungewissheit ins Gesicht.

Misstrauen ist eine Axt am Baum der Liebe. (Russland)
Es geht hier nicht um blindes Vertrauen, nur um die große Gefahr des Gegenteils. Misstrauen findet stets etwas, das weiteres Misstrauen nährt. Aber was hält es auf?

Unter dem Gürtel findet sich kein Verstand. (Jamaika)
Wie oft sagt wohl gerade irgendwer auf der Welt „Du denkst mit dem Schwanz"? Mit ihm oder der Vagina und der Vulva soll man ja auch gar nicht denken, sondern Lust haben. Nicht schlecht, auch daran zu denken, wann der Verstand doch lieber eingeschaltet sein darf.

Versprechen der Nacht sind mit Butter überzogen, die in der Morgensonne schmilzt. (Ägypten)
Soll man die nächtlichen Liebesbeteuerungen gar nicht glauben oder nur nicht ernst nehmen? Damit zu rechnen, das erlaubt vor einem Abenteuer immerhin eine bewusste Entscheidung.

Sehnsucht ist ein Hemd aus Feuer. (Türkei)
Kann man es poetischer ausdrücken? Sinnlicher?

Zorn unter Verliebten ist schnell verraucht.
Wahr, sehr wahr. Und wäre es auch nur ein frommer Wunsch, sollte man sich unbedingt daran halten.

Die Liebe ist wie der Tau, sie fällt auf Rosen und Kuhfladen.
Und selbst die Kuhfladen haben ihre Liebhaber, sind es auch nur Käfer. Humor, das macht das Sprichwort deutlich, hilft direkt, indem er lachen macht, und gibt gleichzeitig eine Erkenntnis mit auf den Weg.

In der Liebe ist es besser zu bedauern, was man getan hat, als zu bedauern, was man nicht getan hat. (Byzanz)
Nicht nur zu Schüchterne, sondern auch zu Stolze, zu Nachdenkliche und zu Vorsichtige kennen das Gefühl, man hätte es wenigstens versuchen können, und dazu die Erkenntnis: Wie gut ist es, Klarheit zu haben, weil man sich getraut hat.

Die bucklige Verwandtschaft

Familienleiden groß und klein

Das bös spottende Wort „Familien-Bande" prägte schon vor hundert Jahren der Autor Karl Kraus. Und manchmal könnte man die ganze Bande, mit der man verwandt ist, in die Wüste schicken oder gleich zum Teufel jagen. Bei aller Liebe, die sie durchweg verdient: Kaum jemand kann einen so aufregen, so verletzen und so enttäuschen wie die Familie. Das gilt für den ganzen Stammbaum, hinauf, zur Seite und hinunter: für Eltern, Großeltern, Onkel, Tanten, für Geschwister natürlich, für Kinder und Enkel, Nichten und Cousinen.

Dazu passt eine kurze Geschichte chassidischer Juden: Das Gold ging einmal spazieren und hörte in einem Schtetl lautes Schreien. Es folgte ihm und sah einen Schmied, der mit seinem Hammer auf ein Stück glühendes Eisen schlug. Das Gold ermahnte das Eisen zur Mäßigung: „Wisse, wir Metalle müssen durch Hitze und Schlagen in die schönste Form gebracht werden und sie deshalb mit Fassung ertragen." „Ach, du sprichst ohne Erfahrung!", rief das Eisen. „Ich werde vom Eisenhammer geschlagen. Und keine Schläge tun so weh wie die eines Verwandten."

Eine sehr modern klingende und deprimierte Erkenntnis die Nachkommen betreffend findet sich schon vor fünfhundert Jahren in Martin Luthers Sprichwortsammlung: „Kleine Kinder, kleine Sorgen, große Kinder, große Sorgen." Und in vielen, vielen Kulturen sagt man, wobei sich nur die Zahlen unterscheiden: „Eine Mutter kann sieben Kinder, aber sieben Kinder keine Mutter ernähren."

Umso besser, in Sprichwörter zu fliehen. Sie bieten zumindest erst einmal Erholung und eine gewisse heilsame Distanz, die Nachdenken und Nachspüren erlaubt. Manche Sprichwörter zu diesem Bereich trösten mit leicht derbem Witz. So heißt es in Kenia bei den Luo und anderen Völkern: „Verwandte sind wie Hintern und Erde." Als die Weisheit entstand, saßen alle einfach auf der Erde, nicht auf Stühlen oder Sofas. So ist die Bedeutung: „Verwandte können durch Streit oder Reisen und viele andere Gründe getrennt werden, aber so wie jemand lange stehen kann, aber sich dann doch irgendwann mit dem Hintern auf die Erde setzen muss, so kommen auch Verwandte irgendwann wieder zusammen."

Ach, Sie fragen sich noch, warum die Verwandtschaft bucklig ist? Im 16. Jahrhundert wurde „Buckel" zum Spottwort für krankhafte Auswüchse des oberen Rückens. Die erschienen den Menschen damals als unheimlich, verflucht und gleichzeitig als fluchmächtig. So wurde „bucklig" zum allgemeinen Schimpfwort. In bürgerlichen Schichten, die nicht mehr mit den Händen arbeiten mussten, schaute man außerdem auf die einfachen Menschen herab, die sich krumm und bucklig schuften mussten. Es bleibt noch die Pointe nachzutragen, die mit dem Rotwelschen zu tun hat. In dieser Gauner- und Geheimsprache existiert das Wort „bockelig", das wohl manche Verwandte sehr gut charakterisiert, gerade wenn man sie nicht mag und sie schon wieder zum Essen kommen: Es bedeutet „gierig". Alles zusammen führte zu unserem Spottausdruck, den man meistens nur auf die Verwandtschaft anderer, zum Beispiel des Ehepartners anwendet.

Mit Verwandten soll man trinken und essen, aber nicht zählen und messen.

Die Gemeinschaft mit den Verwandten zu pflegen, das ist wichtig. Eine Art Buchhaltung dagegen schadet dem Familienfrieden sehr stark. Fünfe gerade sein lassen, ein Auge zudrücken, überhaupt Großzügigkeit, das ist das beste Rezept für gute Gefühle unter Verwandten. Wie heißt es auf dem Balkan: Wir sind wie Geschwister, aber unsere Geldbeutel nicht.

Wer Böses spricht von mir und den Meinen, der gehe nach Haus und betrachte die Seinen.

Wenn Kritik an der Verwandtschaft schmerzt, denke an die des Kritikers, die wohl kaum besser sein wird. Überhaupt weiß kaum ein Außenstehender, was das eigentlich Problematische in der Familie ist.

Viele Verwandte, viele Gespenster. (Surinam)

So kurz wie sinnreich ist das Sprichwort. An sich sind viele Verwandte gut. Aber wer kann sich um alle kümmern? Wie Karteileichen geistern sie durch unser Schuldbewusstsein. Und sie bedrohen mit ihren möglichen Ansprüchen den Seelenfrieden. Sie suchen uns als Kritiker heim. Sieht man sie als Gespenster, kann man sie freilich auch vertreiben oder weniger wichtig nehmen.

Der Neffe liebt, solang der Onkel gibt.
Gaben erscheinen als etwas Gutes, aber sie können eine Bindung vergiften, indem sie eine Erwartungshaltung entstehen lassen auf der einen Seite, auf der anderen ein Misstrauen, ob der Beschenkte nur freundlich ist wegen der Gaben.

Kein Kind wird groß ohne Beulen.
Mach dir keine Vorwürfe wegen Blessuren der Nachkommen, ob es körperliche sind oder finanzielle! Vom Lerneffekt, die sie haben können, abgesehen, sie bestärken. Und wer sie beim Kind gelassen nimmt, fördert dessen Resilienz.

Eltern, die sich fürchten, ihre Füße aufzusetzen, werden Kinder haben, die ihnen auf die Zehen treten. (China)
Wer sich über die Erziehungsfolgen Sorgen macht, darf sich an diesen Rat zu vorbildhaftem Leben halten. Bei aller gebotenen Rücksicht auf Nachkommen orientieren die sich doch vor allem am Beispiel der Eltern. Ein guter und bildstarker Rat, wenn auch leider nicht leicht umzusetzen.

Die Küken laufen nicht hinter dem Hahn her. (Haiti)
So ist es in der Natur, und es mag manchen Vater, der sich weniger geliebt fühlt, trösten. Das Hinterherlaufen ist außerdem nicht nur positiv zu verstehen.

Gib deine Liebe deiner Frau und deine Geheimnisse deiner Mutter. (Irland)

Eine heikle Weisheit, die aber verständlich wird, wenn man überlegt, dass nicht alle Geheimnisse in die Ehe gehören müssen oder dort gut aufgehoben wären. Ein wenig geht es natürlich auch um die Hoffnung, dass eine Mutter unverbrüchlich auf Seiten des „Kindes" steht, egal wie schlimm das Geheimnis ist; und weniger belastet wäre die Frau durch diese Aufteilung auch.

Wenn auch sonst kein Feind dich quält, die Mutter bringt dir ein'n zur Welt.

Geschwisterfeindschaft? Wer sie als naturgegeben sieht, wie hier das Sprichwort, leidet vielleicht weniger darunter. Ein böser Trost, der nur ein wenig trösten kann, wenn Bruderzwist traurig macht. Ein guter Trost aber für alle anderen, wenn Geschwister nur nerven oder gar gute Freunde sind.

An den Zweig, auf den die Mutter geklettert ist, hängt die Tochter eine Schaukel. (Türkei)

Das Bild rührt an, die ganze Sphäre, und schon das lindert negative Gefühle. Undankbare, zu passive, vielleicht gar genusssüchtige Töchter betrifft das Sprichwort und Mütter, die immerfort Dankbarkeit erwarten. Vor allem führt es ein Bild vor, das Leichtigkeit und Spiel und Fürsorge ausstrahlt.

Eine Wildgans legt nie ein zahmes Ei. (England)

Die Nachkommen sind außer Rand und Band, ein Wildfang neben einem Wildfang? Schau deine Kindheit an, dein Wesen. Erkennst du etwas wieder?

Die wildesten Fohlen werden die besten Pferde.

„Immer langsam mit den jungen Pferden", sagte man früher, um Überschwang im Zaum zu halten. Die wilden Sprünge, die unerhörte Vitalität mancher Fohlen berührt nicht nur besonders, sie ist ein Zeichen für außerordentliche Anlagen. Bei allem Schaden, den ihre Wildheit anrichten mag: erwachsen sind sie musterhafte Exemplare.

Kleine Kinder, kleine Sorgen, große Kinder, große Sorgen.

Im 16. Jahrhundert notierte Martin Luther das Sprichwort. Schon das ein kleiner Trost. Erst recht, wenn man bedenkt, wie viele Kinder niemals große Sorgen machten, weil sie nie groß werden durften.

Je fester die Naht, je größer der Riss.

Warum sprechen Verwandte manchmal Jahrzehnte nicht miteinander? Man war einander so nah, dass nur ein gewaltsames Auseinanderreißen trennen konnte, und das hinterlässt böse Wunden.

Der Affe ist in den Augen seiner Mutter eine Gazelle. (Ägypten)

Lächle über blinde Elternliebe, bewundere ihre Unbedingtheit, tröste dich mit ihr.

Eine Generation pflanzt den Baum, die nächste bekommt den Schatten. (China)

Die Idee vom Generationenvertrag ist alt. Ihm gemäß zu handeln, das erdet, beruhigt, erweitert den Blickwinkel, überlässt gelassen anderen, was man selbst in Gang gesetzt.

Ein Wolf tritt nicht auf den Schwanz eines Wolfes. (Estland)

Sie kennen eher: „Eine Krähe hackt der anderen kein Auge aus." Die Weisheit aus Estland ist sanfter, klingt angenehmer und trifft auf Familienzwist eher zu. Und doch macht sie klar, dass schon das nicht so schlimme Treten eines Wolfes auf den Schwanz eines anderen als rücksichtslos empfunden werden kann. Wolfsaufmerksamkeit ist ambivalent.

Söhne zu erziehen ist wie Eisen zu verdauen. (Italien)

Rabauken nannte man sie früher, Halbstarke, Frechdachse, Nägel am Sarg gar, und tatsächlich stellen manche männliche Nachkommen vor extreme Herausforderungen. Gleichwohl – ohne Eisen könnten wir nicht leben, schon gar nicht ohne Eisen in der Nahrung.

Lieber Ratten im Keller als Verwandte im Haus. (Fränkische Schweiz)

Das Sprichwort lässt jeden, der es hört, erst einmal lachen, so derb ist es. Genau das ist sein Sinn! Einmal befreit die ganze Mischpoche zum Teufel gewünscht und dann über all den Ärger herzlich lachen.

Im Kochtopf jeder Familie gibt es einen schwarzen Flecken. (China)

Man weiß vom schwarzen Schaf der Familie. Überzeugt der Fleck im Topf nicht noch mehr? Da sieht man eine Kochstelle vor sich, das warme Zentrum des Heims, erinnert sich ans Essenkochen und auch an kleine Misslichkeiten, die unangemessen große Aufmerksamkeit auf sich ziehen. Jede Familie kennt es. Jede darf sich damit trösten.

Der Bär naschte einmal Süßes, nun heißen seine Enkel Honigfresser. (Lettland)

In vielen Ländern des Ostens versteht man das Sprichwort besonders gut, denn dort heißt der Bär unter anderem Honigdieb oder Honigfresser. Wichtiger: Eine dumme oder schlechte Tat kann wie Pech – oder Honig – an den folgenden Generationen kleben. Freilich, Bärenverwandtschaft, Süßes naschen: eine verlockende Sache.

Das Kind ist beider Eltern Kind.

Banal? Nein. Das Sprichwort richtet sich ja an Vater, Mutter, Kinder. Das belastende Gefühl, von einem Elternteil ein zu schweres Erbe übernommen zu haben, die Schuld, welche Elternteile beim anderen suchen … einfache Verantwortlichkeit ist da selten oder nie zu finden.

Dein Kind ist bis zum fünften Jahre dein Herr, bis zum zehnten dein Knecht, vom zehnten bis zum fünfzehnten dein Geheimrat, dann wird es entweder dein Freund oder dein Feind.

Allein das Wechseln von Rollen zu bemerken, ist eine wertvolle Erkenntnis. Denke und handle nicht für Beschränkung, sondern für Möglichkeit, will es uns sagen. Und: Bleibe aufmerksam im Familienkreis.

Der Tod schließt die Augen und den Mund und öffnet die Schränke ohne Schlüssel. (Polen)

Das immaterielle Erbe ist es, das Familien oft nicht oder spät, gar zu spät wahrnehmen. Was befindet sich in den Erinnerungsschränken, den Kisten und Kasten und Truhen familiärer Traditionen? Was für Geheimnisse entbirgt der Tod?

Auch andere drückt der Schuh

Der nützliche Perspektivenwechsel

Im alten Griechenland erzählte man sich vom Seher Teiresias, der ein seltsames Schicksal hatte. In einer Version seiner Geschichte heißt es, er habe einmal zwei Schlangen beim Liebesspiel gestört oder sogar eine getötet. Daraufhin wurde er, ob als Strafe oder wegen einer Zauberwirkung, in eine Frau verwandelt. Teiresias wurde Priesterin, heißt es, verliebte sich, gebar Kinder und lebte so sieben Jahre. Da wollten es der Zufall und die Logik der Geschichte, dass er wieder auf ein Schlangenpaar beim Sex stieß. Was genau dann geschah, ist sehr unterschiedlich überliefert, nur nicht das Ergebnis: Sie wurde wieder er. Wegen seiner einzigartigen Doppelerfahrung fragte ihn später das höchste Götterpaar Hera und Zeus, wer mehr Lust empfinde bei der Liebe. Teiresias meinte, nehme man als mögliche Lustmenge die Zahl Zehn, so habe er als Mann einen Teil, als Frau aber neun Teile davon empfunden. In weiteren Bereichen spielt diese eigentümliche Gestalt eine Doppelrolle, weil Teiresias ja ein Seher war, aber blind, weil er in der Gegenwart lebte, aber die Zukunft voraussah, weil er Mittler zwischen Göttern und Menschen war und sogar zwischen den Unterweltbewohnern und denen auf der Erde.

Oft stelle ich mir vor, dass die Erde ein besserer Ort wäre, lebte man plötzlich für eine Zeit in einem anderen Geschlecht, in einem anderen Körper, vielleicht sogar als ein anderes Wesen. Immerhin haben wir die Möglichkeit, uns in andere gedanklich hineinzuversetzen. Mit etwas Übung gelingt das immer besser, wird es auch weit entfernt von der Empfindung sein, ein anderes Menschenkind zu sein.

Man muss kein Psychologe sein, um zu begreifen, dass selbst so ein nur vorgestellter Wandel viel bewirken kann. Er weicht ein verhärtetes Selbst auf und weitet den Blickwinkel. Er ermöglicht viel mehr als bloße Relativierung. Er verblüfft im besten Fall so sehr, dass man in eine Art heiteren Schwebezustand versetzt wird: Produktive Verwirrung nenne ich ihn. Selbstwahrnehmung, Fremdwahrnehmung, das sind bekannte und hilfreiche Wörter, aber Anderswahrnehmung machte das prima Paar für mich erst zum perfekten Trio.

Das lustigste Sprichwort zum Thema stammt aus Finnland und braucht nicht erläutert zu werden, so bildstark und gewitzt ist es: „Möglichkeiten gibt es viele, sagte die Großmutter, als sie den Tisch mit der Katze wischte. Ein Wechsel kann erfrischend sein, sagte die Katze, als sie den Tisch mit der Großmutter wischte."

Für Enten ist es natürlich, barfuß zu gehen. (Irland)

Fremdes beurteilen wir oft als seltsam, lachhaft oder gar verachtenswert. Dabei lernte man viel mehr, es erst einmal neutral und genau wahrzunehmen. Oft erkennt man dabei auch die eigenen Eigenheiten besser.

Tu, was der Pope sagt, nicht, was er tut. (Rumänien)

Hier geht es um den inneren Perspektivwechsel. Üblicherweise und zu Recht beurteilt man Taten stärker als Worte. Dieses Sprichwort rät dagegen ebenfalls mit gutem Grund, richtige Worte zu achten, selbst wenn die Autorität dahinter anders handelt. In Australien sagt man es ähnlich: „Do as I say not as I do."

Jeder reitet auf seinem eigenen Esel. (Persien)

Bei uns sagte man früher „Jedem Tierchen sein Pläsierchen", aber das persische Sprichwort bietet noch mehr: ein heiteres Bild, welches Herzen weitet, Nachsicht und Verständnis für andere fördert, am besten auch die Relativierung der eigenen Positionen bewirkt. Dabei ist zu beachten, wie üblich das Eselreiten dort war und teils noch ist.

Was du nicht willst, das man dir tu, das füg auch keinem andern zu.
Das „goldene Gesetz", wie man auch sagt, ist seit der Antike bekannt, und zwar in vielen Kulturen. Sich vorzustellen, man werde behandelt, wie man selbst an anderen zu handeln beabsichtigt, hat schon immer eine ausgezeichnete Wirkung gehabt.

Den Pfau erkennst du an den Federn, die Krähe am Fluge und die Elster am Schwanz. (Russland)
Nicht nur die Perspektive sollte man wechseln, sondern auch einmal die Optik oder den Fokus. Es verbessert das Erkennen der anderen erheblich.

Wer eine rote Nase hat, mag kein Trinker sein, aber niemand wird es ihm glauben.
Offensichtliche Zeichen können durchaus trügen, aber sie wirken untrüglich. Das ist für den Beobachter wie für den Träger dieser Zeichen eine hilfreiche Erkenntnis.

Wenn du keinen Begleiter hast, befrage deinen Wanderstab.
Ein Psychologe sagte mir einmal: Mit sich selbst zu sprechen ist ein Zeichen geistiger Gesundheit. Der Wanderstab verstärkt noch den Effekt, sich selbst als ein Gegenüber zu empfinden, was hilfreiche Sichtweisen ermöglicht, ist niemand anderes zugegen.

Anderer Torheit bemerkt man eher als die eigene.
Das heißt, die anderen bemerken meine Torheiten auch eher. So gleicht die Erkenntnis der Fremdtorheiten einem Spiegel, der die eigenen zu erkennen hilft.

Hunde kämpfen miteinander, aber beim Ruf des Schakals sind sie eine Einheit. (Kaschmir)
So rasch wechselt der Sinn, der Charakter, die Tat, wenn von außen etwas Feindliches, Bedrohliches erscheint. Wie sinnvoll ist dann der Kampf zuvor?

Der heilige Krieger ist der, der mit sich selbst kämpft. (Mohammed)
Kaum ein Begriff des Islam ist so bekannt und so umstritten wie der Dschihad. Gleichwohl ist nicht daran zu rütteln, dass die Basisbedeutung der Kampf um eigene Tugend und Integrität ist. Das Selbst erscheint als Fremdes, sogar als ein Gegner, dessen Schwächen zu überwinden sind.

Das Leben eines jeden ist ein Leben, ist denn meins eine Aubergine? (Türkei)
Garantiert bewirkt die Äußerung dieses Sprichworts Heiterkeit und wohl dazu produktive Verwirrung. Ich kann selbst nicht sagen, wie man es genau verstehen soll, aber ich bin sicher, dass es viele gute Möglichkeiten, es zu verstehen und anzuwenden, gibt.

Wenn du ein Freund des Falken bist, musst du rohes Huhn essen. (Haiti)

Drastisch und deutlich formuliert das Sprichwort die Weisheit der Anpassung, gerade im Freundeskreis. Befremdung, rät es, sogar Ekel sollte man überwinden. Dafür darf man es im umgekehrten Fall ebenso erwarten.

Sei freundlich zu deinen Freunden; gäbe es sie nicht, wärst du ein vollkommen Fremder. (USA)

Wer es genau nähme, dächte noch an die Verwandten, aber am besten kennen einen doch die Freunde. Zu bedenken ist dazu, dass Fremdheit über Jahrhunderte nicht nur seelisch, sondern auch existenziell bedrohlich war.

Sei wie Mund und Hand; wenn die Hand schmerzt, bläst der Mund auf sie, wenn der Mund schmerzt, reibt ihn die Hand. (Madagaskar)

Wer mit sich selbst befreundet ist, ist in der Welt schon ein gutes Stück stärker beheimatet als alle anderen. Noch stärker, wer sich selbst hilfreich ist.

Jeder Mann ist der Sohn einer Frau. (Russland)

Wie viele Verbrechen, Untaten, Misshandlungen unterblieben, nähme jeder den Satz in seiner ganzen Tiefe ernst. Er könnte auch lauten: Achte jede Frau, wie du deine Mutter achtest.

Es steckt nicht im Spiegel, was man im Spiegel sieht.
Ärgere dich nicht über Kritik, sondern nimm ernst, was der Spiegel der anderen dir widerspiegelt.

Der Hund wird „geduldig" genannt, aber jemand, der von ihm gebissen wird, weiß, wie ungeduldig er ist. (Kaschmir)
Es zählt schon, was viele traditionell denken, aber es sollte nie die Aufmerksamkeit auf mögliche Ausnahmen ersetzen. Zudem ist eine individuelle Erfahrung unvergleichlich viel eindrucksvoller als Überlieferungen anderer.

Der Mann sagt: „Das Herz eines Weibes ist schwankender als Schilfrohr." Das Weib sagt: „Das Herz eines Mannes ist veränderlicher als Herbstwetter." (Japan)
Das Sprichwort rät, allgemeinen, pauschalen Urteilen zu misstrauen. Gleichzeitig macht es deutlich, wie gut es ist, sie zu kennen. Und wie man sich gegenseitig gleiche Untugenden zuschreibt.

Trau, schau, wem!

Wenn Neid, Missgunst und Misstrauen plagen

Die Bibel erzählt es gleich zu Beginn: Kaum gibt es zwei Brüder auf der Welt, regen sich in dem einen schon Missgunst und Neid. Wegen dieser Gefühle nämlich erschlug Kain seinen Bruder Abel. In vielen weiteren Mythen der Welt verursachen die am Seelenfrieden zehrenden Gefühle viel Leid, Streit, Mord und Totschlag, Entzweiung, allgemeines Unglück und Verzweiflung. Wie das Gegenteil einer rosa Brille verdunkeln sie die Wahrnehmung und dabei das eigene Herz.

Ähnlich ist es mit dem Misstrauen, das an sich keine schlechte Eigenschaft sein muss, schließlich hegen nicht alle Menschen gute Absichten. Als beherrschende Empfindung vergällt Misstrauen freilich selbst das einfachste Genießen. Wie schrieb schon der geniale Autor-Künstler Wilhelm Busch: „Wer durch des Argwohns Brille schaut, sieht Raupen selbst im Sauerkraut."

Neid, Missgunst und Misstrauen nicht die Herrschaft über das eigene Herz erringen zu lassen, das ist so einleuchtend wie leicht geraten – wenn es andere betrifft. Sehr gut ist es schon einmal, es überhaupt zu bemerken. Was aber tut man, wenn es die eigenen Empfindungen sind?

Da ist zum einen die Möglichkeit, sich der positiven Seiten oder zumindest der persönlichen Gründe für die quälenden Gefühle bewusst zu werden. Will man denn wirklich das, worum man den anderen gerade beneidet? Was hindert daran, den Erfolg oder das Glück anderer neutral zu bewerten, wenn man sich schon nicht mitfreuen kann? Welche Erlebnisse beeinträchtigten das Urvertrauen so entscheidend? Sind es vielleicht ganz andere Erfahrungen, die gerade eine objektive und gerechte Wahrnehmung eintrüben?

Die folgenden Sprichwörter helfen sicher dabei, sich darüber klarer zu werden und neue Möglichkeiten des Empfindens und Verhaltens in guter Abstufung heilsam zu entdecken.

Die weiße Katze mit schwarzem Schwanz redet viel von Hermelinen. (Russland)

Beide Tiere ähneln sich im Schwanz, aber eine Katze ist hundsgewöhnlich, ein Hermelinschwanz schmückt Königsgewänder. Durchs Sprechen über das angesehenere Tier versucht die Katze etwas vom Glanz auf sich zu leiten. Selbst als Spott über unangemessenen Stolz wirkt das Sprichwort aus Russland heiter und freundlich.

Honigmelonen-Lippen, Bittermelonen-Herz. (China)

Freundliche, schmeichelnde, süße Worte verbergen manchmal üble, sogar böse Absichten.

Essig beißt nur auf Wunden, nicht auf gesunder Haut.

Ist das Selbstbewusstsein angekratzt, verletzt vieles und viel schneller, das sonst höchstens spät irritierte. Negative Gefühle, die kritische Bemerkungen ausgelöst haben, sollten daraufhin befragt werden.

Berg und Tal kommen nicht zusammen, aber Menschen.

So weit entfernt der andere scheint, so negativ die Gefühle ihm gegenüber, es ist eine Annäherung möglich.

Der Fuchs benutzt die Maske des Tigers (China / Japan)

Hinter dem Sprichwort steckt eine kleine Geschichte. Ein Tiger hatte einen Fuchs erjagt und wollte ihn fressen. „Halt", rief der. „Willst du etwa den Herrscher der Tiere fressen?" Der Tiger stutzte und lachte dann: „Du, Herrscher?" „Ja", sagte der Fuchs. „Die anderen Tiere wissen es schon. Du wirst es sehen, wenn wir gemeinsam durch den Wald gehen. Alle werden sich ehrfürchtig vor mir entfernen." Der Tiger war neugierig amüsiert und ging auf den Vorschlag ein. Tatsächlich flohen alle Tiere vor dem seltsamen Duo. Schließlich entließ der Tiger den Fuchs, weil er offenbar die Wahrheit gesagt hatte. Dass die Tiere vor ihm flohen, darauf kam der mächtige, aber wenig denkmächtige Tiger nicht. Das Sprichwort kann als Rat, sich listig zu verhalten, oder als Rat, sich nicht zu rasch täuschen zu lassen, verstanden werden.

Der Neid ist eine Eule, die das Licht des Glückes anderer nicht ertragen kann.

Der Neid als Nachtvogel, der geblendet wird – ein gutes Bild für ein dunkles Gefühl.

Sieh dir nicht die Zähne eines guten Pferdes an. (Kasachstan)

Erspare dir den Hang zum Misstrauen, denn es sollte dich einfach erfreuen, dass das Pferd gut ist.

Sagen alle „Mein Mais muss zuerst gar kochen", geht das Feuer aus. (Benin, Volk der Fon)

Egoismus führt am Ende zu einem Schaden für die Gruppe und für die Egoisten selbst.

Neid frisst sich selbst wie Rost das Eisen.

Grün stellt man Neid oft dar, wie Grünspan, aber rot wie Rost wäre auch treffend. Obwohl Neid Energie freisetzen kann, ist es fast ausschließlich eine negative, verzehrende.

Was einem der Neid nachsagt, hört man gern.

Oft sagt man, Neid sei das ehrlichste Lob, weil es aus missgünstigem Mund kommt.

Wer Dornen anfasst, sticht sich in den Finger. (England)

Das Sprichwort ist vielfältig anwendbar. Es rät zur Vorsicht im Umgang mit Menschen, die missgünstig, neidisch, misstrauisch sind und wie stachelige Wesen wirken, aber es empfiehlt auch Vorsicht gegenüber eigenen dornigen Gefühlen, die man auf andere richtet.

Wer sich vor Missgunst fürchtet, hasst eigene Tugend.

Dass die Fremdwahrnehmung einschüchtern kann und doch nicht sollte, formuliert das Sprichwort drastisch und klar. Missgunst nimmt ja verzerrt wahr und sollte einen, so unangenehm sie ist, nicht ins Bockshorn jagen.

Lass die Leute reden und die Hunde bellen. (Mongolei)

In nahezu allen Kulturen kennt man den Rat. Warum? Weil es nicht so einfach ist, ihm zu folgen. Hat man es einmal geschafft, ist es aber immer ein schöner Erfolg und immer richtig gewesen.

Das Gras ist immer grüner auf der anderen Seite des Zaunes. (England / USA)

Ob man sich eine Kuh vorstellt, ein Pferd oder einen Bauern, klüger wird die neidische Wahrnehmung nicht. Mit dem Sprichwort im Sinn wird der Blick schärfer – erst recht der auf die Qualität der eigenen Grünflächen. Dass der Neid mit der Farbe Grün verbunden ist, macht einen kleinen Zusatzwitz aus.

Ein Armer, der die Reichtümer eines Reichen ausrechnete, verbrauchte dafür eine Schachtel Kerzen. (Türkei)

In diesem einen Sprichwortsatz erscheint im Nu eine Lustspielszene, die heiter ausmalt, wie widersinnig und verlustbringend Neid ist.

Bewunderung ist die Tochter der Dummheit. (Spanien)
Wie so oft geht es nicht um absolute Verteufelung der Bewunderung, sondern nur um die wichtige Erkenntnis, dass dieses Gefühl nicht selten zu Trägheit und Denkfaulheit führt. So nach dem Motto: Wenn ein anderer so bewundernswert ist, dann kann ich das ja nie erreichen.

Habe einen Mund so scharf wie ein Dolch, aber ein Herz so weich wie Tofu. (China)
Kritik nach außen ist eine gute Sache, wenn ihre Schärfe menschlich gemildert ist durch Gefühl.

Will der Böse nicht von seiner Bosheit lassen, möge darum der Gute nicht von seiner Güte lassen. (Indien)
Nicht erst Gandhi wusste, dass man eine Sache ernährt, indem man ihr Widerstand entgegensetzt. Es gibt das eigentümliche Wort „unerbittliche Nachgiebigkeit", und tatsächlich erreichen Menschen viel, die sich vom Negativen nicht ankränkeln lassen.

Nur durch Geschenke stopft man dem, der beißt, das Maul.
Schon die Verblüffung vermag viel bei bissigen Menschen, denen man mit Gaben begegnet.

Wenn ein Hai dir sagt, ein Fisch sei blind, glaub ihm lieber. (Haiti)
Ehrlicher Widerspruch ist eine feine Sache, wenn man in Sicherheit oder überlegen ist. Wenn nicht, ist nach dem Mund reden eine gute Idee.

Wer barfuß geht, soll keine Dornen säen. (Holland)
Bedenke, was deine negativen Gedanken und Taten für Folgen haben werden. Sie könnten dich bald selbst verletzen.

Die Hand, die du nicht abhacken kannst, musst du schütteln. (Arabisch)
Überlegenheit anderer anzuerkennen, das fällt nicht immer leicht. Vergiss ohnmächtige Wut, verzehrenden Neid, zerfleischende Missgunstgefühle. Suche stattdessen die Verbindung.

Wer am meisten versteht, verzeiht am meisten. (Toskana)
Vielleicht der beste Rat, wenn Neid, Missgunst, Misstrauen quälen: Versuche zu verstehen – nicht grenzenlos, aber doch immer noch ein wenig mehr.

Verschließe deine Tür so, dass du sie wieder öffnen kannst. (Dänemark)

Ein einfaches, überzeugendes Bild, wie sich jemand von anderen abschließt. Dafür gibt es viele und gute Gründe. Wer aber will auf immer ein- und abgeschlossen leben?

Vergib jedem eher als dir selbst. (Frankreich / Italien)

Sich selbst als den anderen zu sehen, ist an sich schon eine gute Sache. Unerbittlich an sich selbst zu arbeiten, jedenfalls andere immer freundlicher, nachsichtiger zu sehen als sich selbst, eine noch bessere.

Der erste Streich schmerzt nicht so wie der zweite. (Sansibar)

Es stimmt zwar nicht, dass einmal keinmal ist, aber dass zweimal viel mehr als einmal ist, auf jeden Fall. Das sollen Schlagende wie Geschlagene bedenken, um den Schlag richtig einzuordnen.

Eine gehetzte Katze kann so wütend werden wie ein Löwe. (Englisch Afrika)

Böse Worte, heftige Kritik, beißender Spott – im Übermaß reizen sie Schwächere zu verzweifelter Tat, die eine überraschend kraftvolle Wirkung haben kann.

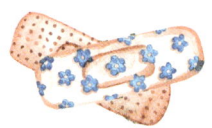

Der Prozess ist ein schöner Baum im Garten des Anwalts. (Italien)

Das schöne Wort „Streitwert" lässt uns daran denken, dass ein Streit immer einen Wert hat – allerdings oft für andere.

Zeige einer Hyäne nicht, wie gut du beißen kannst. (Kenia)

Die Hyäne hat bis zu neun Tonnen Beißkraft, zerknackt Knochen im Nu. Sie ist nicht feige, wie manche meinen. Das Sprichwort rät, dich nicht mit Verachteten gemein zu machen, dich in keinen sinnlosen Wettbewerb mit gefährlichen Menschen einzulassen und dich schon gar nicht als ihren Gehilfen anzubieten.

Wenn du dich schon beugst, beuge dich tief. (China)

Wie oft erkennt man nur zähneknirschend und unwillig eine Niederlage an, gesteht einen Irrtum ein, räumt ein Fehlverhalten ein. Das Sprichwort rät dazu, es mit ganzem Herzen zu tun und mit Überzeugung: Es hilft einem selbst und lässt keinen Zweifel anderer zu.

Wo ein Adler nicht fortkann, findet eine Fliege noch zehn Wege.

Wer sich klein macht, macht sich beweglich. Mit der notwendigen Verringerung des Ansehens, das ein Entwischen ermöglicht, kann man schon auch leben.

Auf niedrigem Esel ist bequem reiten. (Türkei)

Wie schnell verachtet man etwas, das äußerlich wenig hermacht. Wie angenehm kann es aber für den Besitzer sein. Fremder Spott, so wahrscheinlich er einen treffen kann, wiegt dagegen wenig.

Ist das Huhn angebunden, belehrt die Küchenschabe es. (Haiti)

Man sieht förmlich den Hühnerhof, das angebundene Huhn und die Küchenschabe mit belehrend erhobenen Vorderbeinen, wackelndem Kopf und eifrig zitternden Fühlern. Wer sich das Bild vor Augen hält, kann immer Souveränität bewahren, selbst wenn er sich lächerlich kritisiert fühlt.

Wenn der Baum Früchte trägt, neigt er seine Krone. (Türkei)

Die Verneigung ist bei uns aus der Mode gekommen, ist aber doch eine schöne Geste des Respekts, die umso eleganter gelingt, wenn man dies Sprichwort im Sinn hat. Da ist nicht von Erniedrigung die Rede, sondern von innerem Reichtum.

Nicht mehr auf dem Damm

Bei Krankheiten leichter bis mittelschwerer Art

Keine falschen Versprechungen! Das wurde schon zu Beginn betont. Deshalb bekräftige ich, dass auch das folgende Sprichwort keine allgemeine Gültigkeit besitzt: „Die Zeit heilt alle Wunden." Und doch hilft selbst diese durch ewige Wiederholung an Bedeutung fast schon ganz ausgemergelte Wahrheit zuweilen. Auch die vielen weniger bekannten Sprichwörter, die hier folgen, könnte ein schwerkranker Mensch leicht in den falschen Hals kriegen. Nein, bei aussichtslosen Krankheiten unterstützt höchstens noch die altehrwürdige Kunst des Sterbens. Und schwere Verletzungen erträgt man mit Hilfe von Sprüchen kaum ein Quentchen besser, weil man da mit ganz anderen Belastungen kämpft als den geistig-seelischen.

Bei all den anderen Krankheiten, Beeinträchtigungen, Unwohlseinsphasen, da sieht es anders aus. Hier können Sprichwörter ohne Zweifel Leiden etwas länger und leichter ertragen lassen. Sie können neue Sichtweisen ermöglichen. Sie können helfen, anderen in solch schwierigen Lagen angemessen und voll Mitgefühl zu begegnen, ihnen Unterstützung in guter Weise zu bieten. Sie können Ziele darstellen oder ein stabiler Unterbau für neue, gesündere Lebensweisen sein.

Dabei geht es praktisch nie um so etwas wie bloße oder gar rasche Selbstoptimierung. Sprichwörter wirken manchmal im Nu, wichtiger ist allerdings ihre langfristige Unterstützung. Sie verändern sich ja, je öfter man sie liest und je nach Situation. Das Herausschreiben eines Sprichworts und es immer wieder in den Blick zu nehmen, das ist gerade in Fällen leichter oder mittelschwerer Krankheiten die beste Methode. Es dürfen natürlich auch zwei oder drei sein, mehr aber nicht. Überraschend neu werden sie nach kurzer Zeit sich lesen, beim dritten, vierten, fünften Blick. Wie bei den schon erwähnten Motti von Staaten oder Familien können sie sich zu fundamentalen Leitsätzen entwickeln und das Leben lange nach einer Krise weiter prägen.

Es finden sich hier Sprichwörter, die nicht nur Bettlägerige begleiten können, sondern auch chronisch Kranke mit Einschränkungen im Alltag, welche sich allen Widrigkeiten zum Trotz durch- und weiterkämpfen. Und dann die vielen, deren Leiden kaum jemand ernst nimmt. Dabei weiß man nur selbst, wo einen der Schuh oder ein Schmerz drückt, und erst recht, wie man sich wirklich fühlt. Wie immer gilt, dass die Sprichwörter hier in Ruhe wahrgenommen werden sollten und dann erst eine Wahl – gern aus dem Bauch heraus – getroffen werden sollte.

Kleine Feinde und kleine Wunden verachtet kein Weiser.
Selbst Ärzte wissen, wie eine Sepsis sich aus unscheinbaren Verletzungen ergeben kann. So schlimm muss es nicht kommen, aber das Sprichwort rät zu Vorsicht und Aufmerksamkeit selbst bei scheinbar ungefährlichen Dimensionen.

Lieber Schuhe abnutzen als Bettlaken. (Schweden)
Wie sagte schon Johann Gottfried Seume, der Literat und Wanderer, vor gut 200 Jahren: „Ich bin der Meinung, daß alles besser gehen würde, wenn man mehr ginge." Das Gehen ist uns in die Wiege gelegt und schon deshalb sehr gesund.

Sanfte Ärzte machen stinkende Wunden.
Eine Rosskur ist oft eine so unangenehme wie notwendige Sache. Zu große Vorsicht verlängert und vergrößert nicht selten das Übel.

Wenn eine Mauer einstürzt, kommt der Maurer, aber wenn jemand krank ist, wird jeder zum Arzt. (Türkei)
Lange vor dem Internet machte sich das Sprichwort darüber lustig, wie sich in Fragen der Krankheit alle zu Fachleuten aufschwingen, vor allem, wenn sie andere betrifft.

Die Lippen der Geliebten haben schon manche Krankheit geheilt.

Selbstheilungskräfte kann man vielfältig aktivieren oder anspornen. Die Liebe in allen Spielformen ist dabei sicher die schönste Art, wenn es sich um kleinere Beeinträchtigungen handelt.

Geduld und Humor sind zwei Kamele, mit denen du durch jede Wüste kommst. (Arabisch)

Kranken rät man immer schon zu beidem, aber die Bildlichkeit von Wüste und Kamelen lässt besser und sinnlich verstehen, wie hilfreich Geduld und Humor sind.

Krankheit kommt zu Pferde und geht zu Fuß wieder fort.

In sehr vielen Kulturen kennt man diese Erfahrung: Plötzlich erwischt es einen, aber bis man sich wieder aufrappelt, scheint es elend lange zu dauern. Es kann helfen, sich in diesem Gefühl mit vielen Zeiten und Kranken einig zu sein und deshalb in Genesungsgeduld zu üben.

Die dunkelste Stunde ist immer die vor dem Tag. (Bergamo)

Ärzte sprechen oft von Krisis: Das ist der Höhe- und Kipppunkt einer Krankheit. In diesem kritischen Moment an den Tag zu denken, erhellt vielleicht doch ein wenig das verdunkelte Gemüt.

Solange du atmest, habe Hoffnung. (Antikes Griechenland)

Mehr als 2500 Jahre ist der Satz alt, und er sensibilisiert einen für das Wunder des Atems. Man muss nicht esoterisch veranlagt sein, um die Konzentration auf das Luftholen und -entlassen als belebend zu empfinden.

Was Butter und Whisky nicht heilen, dafür gibt es keine Heilung. (Irland)

Einerseits zeigt sich hier eine bittere Erkenntnis, denn in Irland waren viele über Jahrhunderte viel zu arm für einen Arzt, so half man sich mit bewährten Hausmitteln, andererseits spricht viel Humor und Lebenslust aus dem Sprichwort. Die beiden helfen mindestens so gut wie Butter und Whisky.

Jede Krankheit ist traurig, aber der Weise versteht es, krank zu sein. (Ägypten)

Was für eine erstrebenswerte Fähigkeit: zu verstehen, krank zu sein. Die Betrübnis wird nicht verleugnet, aber ohnmächtiges Ausgeliefertsein so gut wie ausgeschlossen. Wahre Weisheit ist das.

Im Reiche der Hoffnung gibt es keinen Winter. (Russland)

Sie blüht also im Frühling, sie gedeiht im Sommer, sie ist erntereif im Herbst, so dass ein Kranker sie in drei Gestalten mindestens als hilfreiche Begleiterin erfahren kann.

Lasst uns sehen, was hinter dem Vorhang der Zukunft hervorkommen wird. (Persien)

Etwas Kindliches steckt in dem Sprichwort, eine fast naive Neugier auf das Kommende, die das Schauspiel nicht als Schrecken vorstellt.

Wende dein Gesicht der Sonne zu, dann fallen die Schatten hinter dich. (Ghana)

Kann man positives Denken einfacher und schöner formulieren? Nein. Das Sprichwort betont, wie wichtig die Ausrichtung des Lebens und Denkens ist, wie sie die Wahrnehmung entschieden verändert.

Was das Zukünftige betrifft, so kann es selbst ein Vogel mit einem langen Hals nicht sehen. (Afrika)

Kranke wollen Prognosen, Ärzte haben „nur" Diagnosen und Erfahrung. Lass dich vom Bild des langhalsigen Vogels, der nach der Zukunft linst, amüsieren und schick dich drein in Geduld.

Der Tod ist ein schwarzes Kamel, das vor jeder Tür niederkniet. (Türkei)

Irgendwann müssen wir gehen, jeder, das ist klar. Wie tröstlich, wenn wir abgeholt werden, um fortzureiten und uns der Karawane anzuschließen all der anderen, deren Leben endete.

Die Zarin muss sich auch krümmen, bevor der Großfürst geboren ist. (Russland)

Zum Leben gehört das Leiden, das selbst Macht und Geld nur lindern, nicht verhindern können. Manchem ist das ein Trost – und warum nicht.

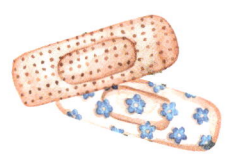

Ein Fass Wein wirkt mehr Wunder als eine Kirche voller Heiliger. (Italien)

Ein geselliges, ein heilsames Sprichwort, das die meisten Italiener kennen und schätzen. Die Heiligen werden damit nicht verächtlich gemacht, denn die Wunder des Weins haben so ihre seltsamen Seiten. Trinke heiter und bete trotzdem, könnte man übersetzen.

In hundert Jahren sind wir alle kahl. (Spanien)

Ein Sprichwort für Erwachsene – in jeder Hinsicht, denn die wissen, dass in hundert Jahren von ihnen ein kahler Totenkopf übrig ist, dass man sich deshalb aber jetzt doch keine Sorgen machen sollte.

Wenn der Kopf wund ist, verbindet man umsonst die Füße.

„Wo tut's denn weh?", fragten Kinderärzte früher und vielleicht heute noch. Eine gute Frage. Eine gute Antwort darauf zu geben, ist wichtig. Wer in sich geht, bemerkt nicht selten, dass die Symptome nicht immer dort sind, wo die Ursachen liegen. Dort aber ist Heilung allein heilend.

Hast du große Sorgen, frage eine Frau, die das Alter deiner Mutter hat. (Arabisch)

Früher hieß es hierzulande: Die Frauen sind die Schlauen. Frauen im Alter deiner Mutter sind sicher klug und erfahren. Es könnte gut sein, die Mutter zu befragen, aber manchmal nicht – wegen allerlei Befangenheiten. Dann hilft eine gleichalte Dame.

Dem Kranken hilft kein goldenes Bett.

So wichtig es ist, Kranken angenehme Umstände zu verschaffen, wichtiger ist Zuwendung, ärztliche Hilfe, gute Worte. Und die fehlende Gesundheit kann kein Luxus ersetzen.

Dem Gesunden fehlt viel, dem Kranken nur eins.

Die erstaunliche Reduktion des Lebens kennt jeder, der auch nur einmal krank gewesen. Der Fokus liegt nur noch auf dem Kranksein und dem Gesundseinwollen. So rät das Sprichwort, das Viele nicht zu überschätzen, das man gesund haben möchte, aber auch nicht allzu eng aufs Kranksein sich einengen zu lassen.

Die Gesundheit des Leibes ist ein Schlaftrunk der Seele.

Das Sprichwort darf sich setzen, denn es verlangt Nachdenken. Steht die schläfrige Seele für eine schläfrige Moral? Bewertet es die Gesundheit des Körpers negativ? Geht es um die ruhige, entspannte Seele? Ohne Frage lässt Krankheit des Leibes Bedauern und Bereuen erwachen. Ein Schlaftrunk ist in der Regel Medizin. Hier darf jeder selbst weiter und tiefer nach Lösungen fahnden.

Das Unglück geht nicht auf den Bergen, sondern unter den Leuten. (Tschechien)

Nicht erst die moderne Psychologie erkannte, dass wir Gefahren vollkommen falsch einschätzen. Ein Flugzeugabsturz schreckt uns mehr als der viel wahrscheinlichere Treppensturz. Das Unglück lauert nicht in der dramatischen Bergwelt, sondern im Alltag.

Das Glück nimmt den Verstand, das Unglück gibt ihn. (Polen)

Und es ist schön, den Verstand mal ausschalten zu können, schön, seiner nicht zu bedürfen. Das schließt das warnende Sprichwort indirekt mit ein. Es hilft vielleicht ein wenig, dem Unglück Positives abgewinnen zu können.

Schlechtes nennt man gut, wenn es schlimmer wird. (Norwegen)
Wie rasch verändern sich unsere Beurteilungen. Gut, sich dieser Relativität bewusst zu bleiben.

Aus den Übeln, die der Himmel schickt, gibt es Errettung; aus den Übeln, die wir selbst auf uns laden, gibt es kein Entkommen. (Japan)
Wir selbst entkommen uns ja auch erst mit dem Tod. Deshalb rät man in Japan: „Achte auf gute Gesellschaft, vor allem wenn du allein bist."

Donnerwolken geben nicht immer Regen. (Armenien)
Der Regen zählt in vielen, vor allem ländlich geprägten Kulturen erst einmal zu den positiven Dingen. Im Menschenleben verbindet man ihn mit Tränen, das Donnern mit Streit und Drohungen. Vorzeichen sind wichtig, sagt das Sprichwort, sei aber bereit, mit dem nicht so Üblichen zu rechnen.

Zähle nicht, was verloren, sondern was übrig ist. (China)
Viele Kranke kennen die innere Buchhaltung nur zu gut und wie sie weise zu führen ist. Im Islam schon gibt es eine Weisheit, die seitdem in aller Welt in ähnlichen Formulierungen zu lesen ist: „Ich klagte, dass ich keine Schuhe hatte, bis ich den Mann ohne Beine sah."

Acht Stunden sind kein Tag

Bei Ärger, Missempfindungen und Leiden im Beruf

In einer intelligenten und witzigen Fernsehserie entführte vor einem halben Jahrhundert der Filmemacher Rainer Werner Fassbinder in die Arbeitswelt im Westen Deutschlands. Um Selbstbehauptung gegenüber dem Chef geht es, um Fortbildung und beruflichen Aufstieg, vor allem um Solidarität der Arbeiter im harten Berufsalltag. Der Titel der WDR-Serie? *Acht Stunden sind kein Tag*. Das Sprichwort gab es natürlich schon vorher, jedenfalls seit den Zeiten, als der Achtstundentag fest etabliert war.

Auch Angestellte kennen eine Redensart, die ihre Berufszeit betrifft, wenn da vom „Nine-to-five-Job" die Rede ist. Selbständige kennen noch ganz andere Arbeitszeiten, aber alle drei Gruppen wissen ein Lied von den Problemen zu singen, den Streitigkeiten, den Reibungsverlusten und niederdrückenden Dummheiten, die man im Verein mit beruflichen Tätigkeiten erlebt. Nicht ohne Grund finden Bücher guten Absatz mit Titeln à la *Wer Kollegen hat, braucht keine Feinde*, *Ich arbeite in einem Irrenhaus*, *Der Feind in meinem Büro*, *Ich hasse Teams!*

Was soll man schon gegen „Dasmachenwirhierschonimmerso"-Strukturen tun? Wie begegnet man informellem Druck und nicht justiziablen Fehlentscheidungen? Was tut man gegen die Willkür und den Egoismus selbstherrlicher Chefs, die ihre Unfähigkeit hinter Machtsprüchen verbergen? Weil es oft keine Abhilfe gibt, blühen verzweifelte Schimpfwörter. Haben Sie schon mal jemanden über „Abfangjäger" meckern hören, Sekretärinnen, an denen niemand vorbeikommt? Oder über „Zwecktölpel", Leute, die sich bei Aufträgen immer extra dumm anstellen, damit sie niemand mehr um etwas bittet? Kennen Sie „Chefzäpfchen", also den netteren Ausdruck für Vorgesetztenarschkriecher? Viele kennen die „pathologischen Weiterleiter". Über sie flucht übrigens nicht nur der Zuständige für Computersicherheit! Dann gibt es noch „Abrissbirnen" (wahlweise Projektverhinderer oder Insolvenzverwalter), „Nacktmulls" (Archivmitarbeiter im Souterrain) und den „MoD" („Master of Desaster").

Weil das Fluchen nur kurzfristig Aggressionen ableiten kann, manchmal sogar welche schürt, folgen hier Sprichwörter, die andere Sichtweisen zu entwickeln erlauben. Dabei darf man sie durchaus als intelligentere Form des Sprüchekalenders betrachten, der in vielen Arbeitsstätten hängt. Vor der Arbeit ein Blick ins Kapitel oder nachher – und der folgende Tag könnte ein anderer werden, ein Nichtalltag und vielleicht sogar ein neuer Anfang, den alten Ärger verschwinden zu lassen, ihn umzuleiten in produktivere Formen oder – selten eine schlechte Idee – links liegen zu lassen.

Mit Ohren, die hören, sei einer, der nichts hört, mit Augen, die sehen, sei einer, der nichts sieht. (Tschuwaschien / Russland)

Das klingt schon magisch, was die Tschuwaschen empfehlen. Man kann herauslesen, dass Diskretion gepaart mit guter Wahrnehmungsgabe eine geniale Verbindung ist. Man kann den Rat darin finden, Menschen mit Beeinträchtigungen niemals zu unterschätzen. Man kann den Satz vor allem in verfahrenen Situationen im Arbeitsalltag einsetzen, um produktiv zu verwirren.

Wer mit Dämonen den Weinberg hackt, wird die Lese mit dem Teufel halten. (Portugal)

Man kann sich Kollegen nicht immer aussuchen, aber wenn doch, sollte man sorgsam vorgehen. Das Ende einer Tätigkeit, eines Projekts sich bildhaft vorzustellen, hilft ebenfalls dabei, rechtzeitig abzusagen oder die passenden Leute zu wählen.

Bei der Arbeit und im Spiel lernst du die Menschen kennen.

Es mag wie Hohn klingen, denn dann ist es ja meist schon zu spät, aber es ist ein Rat auch, dem ersten Eindruck nicht zu viel Bedeutung beizumessen, sich vielmehr offene Augen und Sinne im Berufsalltag zu bewahren, um die Kollegen kennenzulernen.

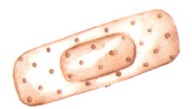

Die böse Zunge zerstört die Welt. (Armenien)
Hüte dich vor Dreckschleudern und Gerüchteköchen und sei vor allem selbst keiner. Du zerstörst auch deine (Berufs-)Welt.

Gleichgesinnte können auf dem Fell eines Hasen bequem sitzen, Zerstrittene passen nicht einmal auf eine Elefantenhaut. (Uganda)
Schon als Zitat im Beruf angewendet, hat das bildstarke Sprichwort seinen Sinn. Alle werden es verwundert hören und wohl – wenngleich nach einer Weile erst – verstehen. Einigkeit versteht es als eine Qualität größtmöglicher Nähe – „Zwischen uns passt kein Blatt Papier" – und Zwietracht als Zentrifugalkraft, die Nähe unmöglich macht.

Auch die Henne weiß, wann der Tag anbricht, aber das Krähen überlässt sie dem Hahn. (Ghana)
Man kann durchaus den Mund halten und andere quatschen lassen, selbst wenn man es genauso gut weiß. Es wirkt und ist souverän.

Leih auch deinem Feind dein Ohr. (Kaschmir)
Wie leicht überhört man kluge Worte aus einem unsympathischen Mund, dabei lehrt vielleicht gerade der unerwartet Hilfreiches.

Wenn du Menschen misstraust, beschäftige sie nicht; wenn du sie beschäftigst, misstraue ihnen nicht. (China)

Jeder Personaler oder Chef verdreht die Augen, wenn er dieses Sprichwort liest, und beide wissen gleichwohl, wie richtig es ist. Vertrauen ist ein unerhört hohes Gut, gesundes Misstrauen aber auch.

Wer sein Amt wie ein Fuchs erschlichen hat, der wird es wie ein Wolf verwalten.

List und machthungrige Rücksichtslosigkeit gehen nicht selten Hand in Hand.

Das Pferd, das am meisten zieht, wird noch geschlagen. (Fränkisch)

Widersinnig, doch immer wieder zu beobachten. Gute Arbeit zieht Aufmerksamkeit auf sich, und dann traut man der Person, die so viel tut, noch mehr zu, weshalb man sie kritisiert. Ob Betriebsräte, Kollegen oder Vorgesetzte – alle sollten auf so etwas aufmerksam sein und es vermeiden, um gute Leute nicht zu verlieren.

Der Esel arbeitet, das Pferd hat den Nutzen. (Haiti)

Unterscheide Ansehen oder Ruf und Tätigkeit oder Leistung im Beruf.

Es ist noch kein Meister vom Himmel gefallen.
So altmodisch das Sprichwort klingt, es bleibt wertvoll für Anfänger im Beruf wie für ihre Kollegen. Geduld sowie Lehr- wie Lernbereitschaft rät es an – mit allem Recht.

Wo gehobelt wird, da fallen Späne.
Dumm, wer das Sprichwort als plumpe Ausrede für Fehler verwendet, klug, es als Ansporn für gutes Arbeiten zu nutzen und unbedeutende Nebenerscheinungen als solche zu bewerten.

Am Jagdtag wird kein Jagdhund mit Steinen beworfen.
Wenn es drauf ankommt, wenn alle gebraucht werden, halte dich mit Kritik zurück.

Schlaffe Herren machen träge Knechte.
Nichts wirkt so stark wie ein Vorbild – im Guten und im Schlechten erst recht.

Sei auf einem Pferd, wenn du ein besseres suchst. (China)
Nicht erst kündigen und dann neuen Job suchen, das rät das Sprichwort, aber natürlich passt es auch für viele ähnliche Situationen. Erstrebe von einer sicheren Position aus die nächste.

Wer mit Zwiebeln handelt, riecht sie nicht mehr.
Gibt es eine einfachere, sinnlichere und überzeugendere Formulierung für Betriebsblindheit?

Nehme ich keine Geschenke, so behalte ich freie Gelenke.
In der Geschäftswelt sagt man schon lang: „There's no thing like free lunch." Gefälligkeiten anzunehmen, geht mit Verpflichtungsgefühlen und mehr einher.

Man pflegt seinen eigenen Garten, wenn man im Garten des Nachbarn das Unkraut jätet. (Russland)
Unter Kollegen bedeutet Unterstützung des anderen Verbesserung der eigenen Situation. Wer sich nur auf seinen Bereich konzentriert, ist lobenswert, wer positive Eingriffsmöglichkeiten bei anderen sieht und sie nutzt, noch mehr.

Erfahrung ist ein Kamm, den das Schicksal einem Mann gibt, wenn all seine Haare fort sind. (USA)
Die Ironie des Sprichworts wie des Schicksals präsentiert das Sprichwort in einem witzigen Bild. Es kann Enttäuschungen über zu späte Erkenntnisse lindern und übertriebenen Stolz auf Erfahrungsschätze reduzieren.

Der Herr befiehlt es dem Knecht, der Knecht befiehlt es der Katze, und die Katze ihrem Schwanz.

Das Sprichwort fordert auf, die Kunst des Delegierens ernst zu nehmen, zu erkennen, was man lieber gleich und selbst tun kann. Und es macht auf die nicht kleine Gefahr des Versandens aufmerksam.

Elstern vereint sind stärker als ein Tiger, der allein geht. (Mongolei)

Ein idealer Satz fürs Teambuilding. Natürlich sonnt sich jemand gern in der Rolle eines angesehenen und stolzen Helden, der seinen Weg geht. Gemeinsamkeit ermöglicht es freilich selbst Verachteten, mehr zu erreichen.

Der Tiger sagt, er könne jedes Tier mit Musik fangen, aber er lässt dich nicht seine Tricks wissen. (Haiti)

Geheimnisvoll und schön klingt das Sprichwort. Man kann es genießen, auch ohne es zu verstehen. Geht es um eine Behauptung, an der man zweifeln sollte? Warum benutzt der Tiger nicht seine Stärke, sondern Musik? Könnte man die Tricks lernen oder soll man sie nur bewundern?

Der Herr ist das Schiff, der Untertan das Wasser; das Wasser kann das Schiff gut tragen, aber auch leicht umwerfen. (Japan)

Achte darauf, Untergebene mehr als Mitarbeiter zu behandeln, und vermeide vor allem, sie gegen dich aufzubringen. Es schadet nur dir selbst.

Täusche deinen Vorgesetzten, aber nicht deinen Untergebenen. (China)

Ein spannender Rat, der gleichzeitig warnt vor Täuschungen durch Untergebene. Wer unter einem arbeitet, den sollte man keinesfalls unterschätzen. Vorgesetzte übersehen eher etwas.

Der Schuster läuft in den schlechtesten Schuhen. (Georgien)

Warum? Weil er die besseren verkaufen kann.

Pflanze keine Erdnüsse, wenn der Affe zuschaut. (Nigeria)

Gehe sparsam mit Informationen um und achte darauf, wer unlauteren Nutzen daraus ziehen könnte.

Wie gewonnen, so zerronnen

Wenn Vergesslichkeit, Konzentrationsschwäche und Verluste von Dingen quälen

Was unser Hirn das Leben lang leistet – unglaublich. Von Geburt an ist es lernbegierig und außerordentlich lernfähig. Der Speicher wird niemals voll, weil es lebendig ist und immer neue Strukturen ausbilden kann. Selbst beim Ausfall bestimmter Bereiche können oft andere die Aufgaben übernehmen. Man spricht von Neuroplastizität. Solange es funktioniert, wie wir es erwarten, beachten wir es nicht, wehe aber Fehlleistungen stellen sich ein.

Das böse Wort „Demenz" fällt dann bald, dabei ist Vergesslichkeit ein Phänomen mit vielen Gesichtern und noch mehr Ursachen. Manchmal sind wir lediglich zu ungeduldig oder zu wenig kreativ. Wer sich auch nur eine Minute, die länger dauert, als man meint, auf etwas konzentriert, hat nicht selten Erfolgserlebnisse. Es hilft entschieden, sich den Klang oder die Gestalt von Wörtern oder das Aussehen von Dingen vorzustellen, wo sie normalerweise sich befinden, wer sie einem geschenkt hat und, und, und.

Training empfehlen viele Laien wie Experten, aber es sollte keinesfalls langweilig wiederholend sein. Viel besser ist ein spielerischer Umgang mit dem Hirn, das ja schließlich man selbst ist. Die Verbindung von Koordinationsübungen wie Balancieren und Tanzen mit geistigen Tätigkeiten ist dafür perfekt – oder die zahlreichen Meditationsmöglichkeiten.

So wie wir Erinnerungen verlieren, verlieren wir auch Dinge. Mangelnde Konzentration spielt auch hier eine Rolle, Eile, Pech freilich auch.

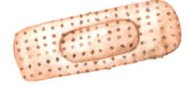

Solche Verluste schmerzen und die Erinnerung daran begleitetet manchmal ein Leben lang, seltsamerweise oft viel länger, als man das Ding überhaupt besaß.

Natürlich vergisst man auch Sprichwörter, vielmehr verlegt man sie gleichsam im Hirnkastel, denn überraschend tauchen sie in bestimmten Situationen plötzlich wieder auf. Indem man sie regelmäßig verwendet, werden sie zu treuen Dienern und helfen, besser zu denken und besser mit negativen Gedanken oder Erlebnissen umzugehen.

Als ich es fand, erkannte ich es (seinen Wert) nicht, und als ich es erkannte, konnte ich es nicht mehr finden. (Türkei)

Ein Sprichwort, das eine kleine Geschichte erzählt, die wir alle kennen. Genaues Hinschauen und im Moment leben, das nimmt man sich so leicht vor, es umzusetzen, das ist etwas anderes. Ein kleiner Trost, wenigstens ein Sprichwort dazu zu kennen, das vielleicht auch einmal sich selbst Lügen straft. So sollte es sein.

Zuletzt treffen sich die Füchse beim Pelzhändler. (Frankreich, Italien)

Schlauheit ist eine exzellente Eigenschaft, aber man sollte sie und sich selbst nicht überschätzen.

Aal und Geld sind doch gleich glatt.
(Sylt, im Original: „Jil an Jil es dach lik gleer.")

Seit wann man Geld mit Flüssigkeiten vergleicht? Es rinnt einem durch die Finger. Hier entwischt es einem wegen seiner Glattheit. Selbst Aale kann man freilich festhalten; früher mit rauen Blättern, heute mit rauen Handschuhen.

Schnell gelernt, ist schnell vergessen.

Heute spricht man von „binge learning", also rabiates und maßloses Wissen-in-sich-Hineinstopfen. Manchmal ist es nötig, um kurzfristig eine Prüfung o. Ä. hinter sich zu bringen. Es hat auch Vorteile, wenn es nur kurzfristig nötig war, Wissen bald wieder loszuwerden.

Das sind die Weisen, die durch Irrtum zur Wahrheit reisen; die im Irrtum verharren, das sind die Narren.

Das Sprichwort rät, mit sich selbst nachsichtig umzugehen, soweit man aus Fehlern lernt.

Mit einem Fischerbuben von neun Jahren ist besser über den Rhein fahren als mit einem Doktor von siebzig.

Rat und Tat erhalten ihren Wert auch dank einer fachlichen Erfahrung, nicht unbedingt wegen Bildung oder vielen Jahren an Erfahrung.

Wenn zwei Esel einander unterrichten, wird keiner Doktor.

Wissensvermittlung ist kein Wert an sich. Es muss schon qualitativ gutes Wissen sein und die Vermittler helle Köpfe.

Nach drei Tagen ohne Lesen verliert das Gespräch die Würze. (China)

Es geht hier nicht nur darum, dass man im Lesen mehr Gesprächsstoff findet, sondern auch darum, dass Lesen, weil es klüger macht, Gespräche tiefer verstehen lässt.

Man ist so viele Personen, wie man Sprachen spricht. (Armenien)

Wer eine Fremdsprache lernte, weiß, wovon die Rede ist. „Wurst", „sausage", „salsiccia" klingen nicht nur anders, man denkt auch anderes und schmeckt es in Gedanken. Freilich ist eine Berufssprache oder die der Liebe ebenfalls eine Sprache, die Jugendsprache, die des Verzeihens, des produktiven Streitens. Sie zu lernen und viele mehr, macht einem zu einer multiplen Persönlichkeit, die jeder Lage gewachsen ist.

Was ein Häkchen werden will, krümmt sich beizeiten.

Der früher oft plump benutzte Spruch diente einer Art Dressur, aber bei rechtem Licht betrachtet, ist etwas dran. „Sich krümmen" kann man ja auch als „sich anstrengen" übersetzen, und manche Fähigkeit muss man in frühen Jahren trainieren, um sie meisterhaft zu beherrschen. Gegen den Strich gelesen, kann man freilich auch fragen: Wer will schon ein Häkchen werden? Gut also, dass ich mich nicht früh krümmte.

Ein Buch beinhaltet ein Haus aus Gold. (China)
Ehrlich gesagt, manchmal ist es nur Katzengold. Wer sich aber mit der Erwartung des Sprichworts einem Buch nähert, wird einen Schatz, wenn er darin ist, nicht übersehen.

Man empfängt die Leute nach ihren Kleidern und entlässt sie nach ihrem Verstand. (Russland u. a.)
Kleider machen nur bis zu einem gewissen Grad Leute. Sei also so sorgfältig mit der Auswahl deiner Kleidung wie mit der Auswahl deiner Gedanken.

Lehrer öffnen die Tür; du trittst selbst ein. (China)
Egal was es ist und wann es ist, Lernen ist erst mit eigener Tat und Aneignung vollendet. Nach einem Schlaganfall wieder sprechen lernen, vor einer Prüfung Unterricht bekommen, mit einem klugen Menschen an einem Scheideweg stehen: Immer bleibt es unerlässlich, selbst zur Tat zu schreiten.

Ein Wissenschaftler zu werden ist leicht, aber ein Mensch zu werden schwer. (Türkei)
Büffeln allein genügte lange Zeit für das eine, aber für das andere bedarf es des Willens und der Herzensbildung und der Geduld.

Der ist nicht weise, der nicht auch Narr sein kann.

Lebendiges ist nicht starr, und Weisheit sollte immer sehr lebendig sein. Sie braucht zuweilen Entlastung, Ausflüge, Disziplinlosigkeit, Freiheit – Narretei eben. Ein Narr zu sein in diesem Sinn, erheitert. Die Narrenperspektive erweitert den Horizont. Närrische Gedanken führen manchmal zu ganz überraschenden Erkenntnissen.

Dem Weisen ist der Wald ein Garten, in welchem er die Erdbeeren findet. (Estland)

Gibt es ein sinnlicheres, anziehenderes Bild von Weisesein? Gehört dazu nicht ebenso, sich seine Welt so phantasievoll vorzustellen, als einen Ort, an dem es sich zu suchen und zu finden lohnt?

Die Welt ist ein Käfig für Narren. (Venedig)

Viele denken an die Filme sowie das Musical mit dem schönen Titel *Ein Käfig voller Narren*, aber die Venezianer wussten schon lang, dass es sich um einen sehr großen Käfig handelt, der uns alle aufnimmt. Ein kleiner Trost, wenn wir uns mal wieder schwach im Geiste fühlen.

Je größer das Haupt, je stärker der Kopfschmerz. (Serbien)

Das Sprichwort handelt nicht von Anatomie oder Neurophysiologie, sondern von dem Kopf, den wir uns machen. Immer mehr Gedanken, immer mehr Sorgen sorgen für Unwohlsein. Es rät sogar, das Dummsein einmal zu genießen, die Gedankenlosigkeit, die Aussetzer im Denken gütig zu belächeln oder sich aktiv daran zu erfreuen, wenn jemand „Säulen nach Athen trägt" oder zitiert: „Reden ist Schweigen, Silber ist Gold." Ist das nicht ein schönes Sprichwort?

Allah schuf die Engel, damit die Vernunft auf ihnen reite. (Mohammed)

Will mein Hirn nicht so, wie ich es will, kann ich auf Hilfe von außen hoffen. Sich das Bild eines Engels vorzustellen, auf dem die Vernunft zu einem reitet – sehr hilfreich.

Ich will lieber einen Tropfen Glück als eine Tonne Weisheit. (Italien)

Natürlich steckt ein Trost darin, ein Glück zu erkennen, das man hat, statt sich auf die Weisheit, die man verlor, zu starren. Noch hilfreicher ist es, die Relativität von Wissen und Weisheit anzuerkennen, ohne sie zu verachten.

Ein Dummkopf verliert nie den Verstand. (Spanien)

Ehe man sich zu sehr beschimpft, weil Wissen vergessen, verloren, unvollständig geworden ist, tut es vielleicht gut, sich daran zu erinnern, wie viel man davon gesammelt hat, wie viel davon noch übrig ist, wie wenig davon andere wissen.

Was aus dem Schiffbruch gerettet wird, ist Gewinn. (Antikes Rom)

Man kann an Robinson Crusoe denken, der als einziger Überlebender nur dank der Sachen aus dem Schiffswrack ein neues Dasein auf der Insel aufbauen konnte. Wichtiger noch ist es, sich den Schiffbruch in seiner schrecklichen Dimension vor Augen zu halten; bis heute. Wer dabei sein Leben rettet, hat schon gewaltiges Glück. Bleibt noch mehr von einem großen Unglück übrig, soll man sich daran so freuen wie an einem Hauptgewinn, denn es war ja so gut wie alles verloren.

Fragen bringt für einen Augenblick Beschämung, Nichtfragen bringt sie für ein ganzes Leben. (Japan)

Grade in den peinlichen Momenten, da einen das Hirn im Stich lässt, wirkt es leichter, es zu überspielen, als sich der Sache zu stellen. Im jüdischen Talmud gibt es einen wichtigen Satz dazu: „Lehre deine Zunge zu sagen: Ich weiß nicht." Wessen Zunge es nicht lernt, hat Angst, inkompetent, dumm, vielleicht sogar dement zu erscheinen. Scham, das ist für das Verständnis des Sprichworts wichtig, ist eine außerordentlich starke Emotion. Es ist eine wichtige Übung, sich ihr immer wieder zu stellen.

Sag zur Wahrheit: Du bist meine Schwester, und nenne die Klugheit deine Freundin. (Bibel, Sprüche)

Solche Verwandtschaftsverhältnisse und Freundinnen kann man jederzeit finden. Das Wichtigste: Halte Wahrheit und Klugheit nicht für etwas Abstraktes, Formelles, Kaltes. Nähere dich ihnen freundlich, und sie werden dir freundliche Gefährten sein.

Du kannst einem alten Hund keinen neuen Trick beibringen. (England)

Das darf man sich selbst und anderen gern und souverän mal sagen, wenn man seine Grenzen erkennt. Man muss sich nicht dauernd fordern. Man darf sich auch mal zurückziehen auf sein geistiges Altenteil. Man darf die alten Tricks, die man noch kennt, mal wieder anwenden.

Es braucht einen Dieb, um einen Dieb zu fangen. (England)

Manche Erfolge, manche Fähigkeiten erringt man nur um einen Preis, den man nicht gern zahlt. Allerdings genügt es oft, sich sehr tief und genau in die Lage oder Person eines anderen hineinzuversetzen, um ihn zu verstehen – ob man ihn fangen will oder nicht.

„Wie bin ich vorgespannt den Kohlenwagen meiner Trauer"

Bei Traurigkeit, Schwermut und Hoffnungslosigkeit

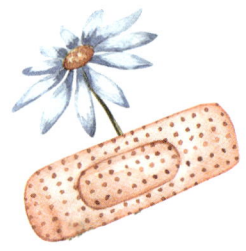

Niemand sollte diese Gemütszustände auf die leichte Schulter nehmen, schon gar nicht im Fall psychischer Krankheiten. Wen „der schwarze Hund", wie manche die Depression nennen, überfällt, der hat kaum eine Wahl. Findet so jemand die Energie, sich Hilfe zu suchen, gar zu finden, ist viel möglich und erreicht. Um diese tiefen und schweren Krankheiten geht es in der *Sprichwort-Apotheke* nicht, aber ihre plagenden Verwandten verdüstern das Leben stark genug. Trauer ist eben an sich keine Krankheit, selbst wenn offizielle Stellen wie die Weltgesundheitsbehörde klare Fristen angeben, ab wann der Tod eines geliebten Menschen überwunden sein sollte, ab wann weitere Trauer pathologisch ist. Fürs Traurigsein an sich gibt es genügend gute Gründe, um es lange und tief zu sein. Schwermut, früher oft Melancholie genannt, beurteilten die Menschen über zwei Jahrtausende als Begleitung künstlerischer Charaktere. So schrieb man ihr auch positive Eigenschaften zu, Nachdenklichkeit, Kreativität, die Fähigkeit, Dinge neu und anders zu sehen.

Wer ganz ohne Hoffnung ist, der mag sich vielleicht an die Überzeugung mancher antiker Denker halten, die in der Hoffnung etwas Täuschendes und sogar Schlechtes sahen. In der Büchse der Pandora blieb nur sie zurück. In aller Regel freilich quält die Hoffnungslosigkeit bloß. Woher soll man neue Hoffnung schöpfen?

Einige der folgenden Sprichwörter mögen das Zeug dazu haben, zumindest die sumpfartige Festhaltekraft der schwarzen Gedanken zu mindern. Eine überraschende Formulierung erlaubt aber vielleicht etwas Bewegung in andere Richtungen. Alte Gedanken trösten gar nicht selten, weil man sich als Verwandter ähnlich Leidender seit Jahrhunderten erkennt. Mit Glück findet sich ein Sprichwort als ein leitendes Motto, das natürlich keine plötzliche Rettung zu leisten vermag, aber doch wohl eine Perspektive ins Offenere, Weitere, womit schon viel gewonnen wäre.

Das eindrucksvolle Zitat Albert Ehrensteins als Kapitelüberschrift macht unmissverständlich klar, wie schwer solche Trauerarbeit sein kann. „In den Seilen hängen", so sagt man, wenn man sehr angestrengt schuftet. Wie man sich aus den Zugseilen lösen kann, die Kohlenwagen der Trauer abstellen, loswerden oder ganz anders benutzen kann, dazu könnte man hier ebenfalls Anregungen finden. Oder Sprichwörter geben einem schlicht mehr Kraft und andere Ideen, um mit traurigen Gefühlen weiterzuleben. Sie selbst, das vergessen wir zu oft, stellen eine ganz eigentümliche Kraft dar, schwarz und stark zugleich.

Selbst wenn ein Feuerstein auf dem Grund eines Flusses liegt, ist die Macht, Feuer aus ihm zu schlagen, weiterhin in ihm. (Ghana)

Die Tiefe der Trauerwellen ist groß, aber sie können ein besonderes Potenzial in dir nicht auslöschen. Ein Funken Hoffnung – tief unten.

Ruhige Meere machen keine guten Seeleute. (England)

Dem Sturm die Stirn bieten, die schweren Brecher gut gesichert aushalten, das Ruder – am besten nicht allein – halten, wenn widrige Strömungen das Lebensschiff bedrohen: Das empfanden seefahrende Nationen als beste Schule des Mannes. Umgekehrt wird auch ein Schuh daraus: Ohne Herausforderungen fehlt der Anreiz, gut und viel zu lernen.

Regen ist flüssiger Sonnenschein. (Jamaica)

Ein Kalenderspruch, von mir aus, aber wir alle kennen wohl welche, die plötzlich doch lächeln lassen. Und bedenken wir, wie das Leben sehr, sehr vieler in Jamaica viel, viel härter als das unsere ist, dann nehmen wir das feine Bild doch wohl mit mehr Ernst und Freude auf.

Als Gott den Hasen machte, machte er auch die Büsche. (Ungarn)

Er hat so viele Feinde, ist so oft auf der Flucht und wird wegen seiner Hasenhaftigkeit noch verlacht, aber kaum ist er erschaffen, sind da auch Zufluchtsorte. Tröstlicheres kann ich mir kaum denken, ob man an Gott glaubt oder nicht.

Steig vom mageren Pferd und pflege es, wenn es springt, ist es dein Flügel. (Kasachstan)

Man mag das magere Pferd als das Traurigmachende selbst sehen oder als die schwere Situation, in der man gerade ist, vielleicht auch als das eigene Selbst, das nicht mehr kann vor Trauer und Hoffnungslosigkeit. Was für eine schöne Idee, es zu pflegen, bis es positive Stärke entwickelt und sogar seine Gestalt ins Beflügelnde wandelt.

Wenn der Regen auf den Leoparden fällt, nässt er ihn, aber er wäscht nicht seine Flecken ab. (Ashanti)

Das Sprichwort kann als eine weisere Variante von „Ein Indianer kennt keinen Schmerz" verstanden werden, schließlich kann man den Regen als das Bedrückende, Beeinträchtigende, die Flecken als das Eigene, Unveränderliche sehen. Leopard bleibt Leopard, hieße es dann, und: Halte aus, halte stand und besinne dich auf deine Qualitäten. Freilich heißt es zudem: Lass dich durch äußere Veränderungen anderer nicht täuschen.

Glaube deinem Schmerz. (England)

Gefühle nie zu zeigen, das war *die* Tugend des Gentlemans, doch empfanden sie natürlich genauso viel wie andere. Umso ernster ist das Sprichwort zu nehmen, das rät, den Schmerz zu achten, zu erkennen, ihm nachzugehen, ihn nicht als eine Täuschung zu überspielen, sondern sogar als ein Erkenntnisinstrument zu benutzen.

Ran an 'n Sarch und mitjeweent! (Berlin)

Mittrauern, mitempfinden, so weiß es das Sprichwort, ist eine Art von Pflicht und Aufgabe, der man sich zu stellen hat, und wenn schon, dann mit Nachdruck. Wer die Trauergelegenheit flieht, erlebt nie „eine schöne Leich", wie man im Süden sagt. Dabei geht das Weinen in ein Gedenken, dann in Anekdotenerzählen und schließlich in eine eigenartig bezaubernde Stimmung tiefer Heiterkeit und energischer Nähe zum Gestorbenen über.

Wenn du dich in einem Loch findest, solltest du als Erstes aufhören zu graben. (USA)

Typisch angloamerikanische Pragmatik, die Bildlichkeit, die Aussage deshalb auch hilfreich und heiter zugleich. Die Tendenz, sich immer tiefer in Schmerz, Schwermut, Trauer hineinzugraben, kennen wir nur zu gut.

Traurigkeit ist ein wertvoller Schatz, den man nur in denen entdeckt, die man liebt. (Madagaskar)

Da schweigt der Autor einfach, denn die Schätze, welche dieser Satz birgt, sind so vielfältig wie seine Leser. Ohne Hacke und Schaufel entdeckt man sie. Stattdessen benötigt man Nachdenken und Nachfühlen.

Niemand wischt dir die Tränen ab außer deiner eigenen Hand. (Ägypten)

Wieder ist es wichtig, das Sprichwort nicht als absolute Wahrheit zu verstehen. Natürlich wischen viele Menschen einem die Tränen ab, die Eltern, wenn man klein ist, die Geliebten, wenn man liebt, und, und, und. In der Regel ist man es aber selbst, und das ist hier negativ zu sehen im Sinn von „niemand tröstet mich", doch ebenso positiv: Man *kann* es selbst tun, es gibt Wege, sich selbst zu trösten.

Ich habe einen Mantel, ich breite ihn aus, da kann ich mich überall zur Ruhe legen. (Türkei)

Wie oft kommt der Mantel in vielen Kulturen der Welt vor und wie vielfältig: als Schutz vor Blicken, vor Kälte, vor der Härte des Bodens, vor Entblößung von Geheimnissen. „Decken wir den Mantel des Schweigens und der Liebe darüber", sagte man früher manchmal. Wie gut, sich solch einen Mantel anzuschaffen, einen wirklichen, einen innerlichen.

Wenn das Haupt krank ist, so trauern alle Glieder.
Psychosomatik ist das moderne Wort für ein altes Phänomen. Das Sprichwort ermöglicht uns, das Leiden des anderen wie auch die eigenen besser zu verstehen, und dies ganz körperlich.

Kleine Sorgen machen viele Worte, große sind stumm.
Was soll man auch sagen, wenn der Krebs tödlich in einem frisst oder Geliebte in Gefahren schweben, denen man nichts entgegensetzen kann? Indirekt steckt eine Hoffnung im Sprichwort, Worte für große Sorgen trotzdem zu finden.

Traurigkeit liebt Gesellschaft. (England)
So ein kurzes Sprichwort und so viele Deutungsmöglichkeiten. Liebt der Traurige es, wenn er jemandem sein Leid klagen kann? Führt eine Traurigkeit zu einer Fülle weiterer Traurigkeiten? Gesellen sich Traurige gern?

Das Leiden selber ist ein Arzt.
Es legt den Finger in die Wunde, es lehrt, dass man handeln muss, es offenbart einen Mangel oder eine Bedrückung und damit eine Möglichkeit, ihnen – hoffentlich heilend – zu begegnen.

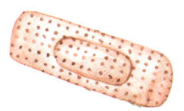

Kummer und Sorgen sind die Feilen des Lebens. (Türkei)
Hier ist die Feile als das Werkzeug zu verstehen, das die schöne oder ideale Form in Perfektion herausarbeitet, indem sie Rauigkeiten und Grate entfernt. Ist man selbst das Werkstück, tut so etwas weh, hat man die Selbstperfektion als Ziel vor Augen, kann man die Schmerzen vielleicht besser ertragen.

Geklagtes Leid ist halbes Leid.
Wie schwer es ist, Leid in Worte zu fassen, wissen wir. Wenn wir die Worte gefunden haben und willige Ohren, sie anzuhören, wie viel haben wir erreicht.

Besser von einer Brennnessel gebrannt als von einer Rose gestochen. (England)
Seltsam, wie unterschiedlich Schmerzen schmerzen. Erwartet man nichts anderes, erträgt man sie leichter.

Je stärker du eine Brennnessel drückst, umso weniger brennt sie.
Als Kinder probierten viele es aus, und es schien zu stimmen. Wichtiger ist die Erkenntnis, dass man sich dem Leiden, dem Schmerz, der Trauer hingeben kann bis zu einem Grad der Neige, an dem es tiefer hinein nicht mehr geht.

Es gehören viele Seufzer dazu, eine Mühle zu treiben.
Seufzer gehen mit einem Ausatmen einher, doch diese lauen Lüftchen können eine Windmühle nie in Bewegung setzen. Schätze Seufzer richtig ein, heißt das.

Wenn du hörst, was einer klagt, so hör auch, was der andre sagt.
Wie klug, nicht gedankenlos unverständig sich wie eine Klagemauer aufzuführen, die hinnimmt, was andere klagen, sondern wach und mitfühlend klug zuzuhören.

Niemand ist eine Insel. (John Donne)
Der kluge Mann beschreibt in einem kurzen Text, wie er am Schreibtisch sitzt und eine Glocke der nahen Kirche läuten hört. Er fragt sich, ob jemand getauft, verheiratet, zu Grabe getragen wird. Seine Erkenntnis: Die Glocke schlägt nicht nur für die dort in der Kirche, sondern auch für ihn, weil er zum Kontinent der Christenheit und der Menschheit gehört, zu dem alle gehören. Ist es nicht tröstlich, sich verbunden zu fühlen, nicht inselhaft vereinsamt?

Der Nagel leidet ebenso viel wie das Loch. (Holland)
Physikalisch korrekt – Kraft erzeugt Gegenkraft – und anrührend klug, fordert das Sprichwort auf, Wechselwirkungen ins Auge zu fassen, nicht nur eine Seite.

Seufzen und Stöhnen mag mit dem Leid versöhnen.
Viele zivilisierte Gesellschaften gewöhnten sich die öffentlichen Leidensäußerungen ab, dabei helfen sie nachweisbar physiologisch, wie schon das Sprichwort alter Zeiten weiß.

Großer Trost kann aus dem kleinsten Wort erwachsen. (Schweiz)
Wer unsicher ist, Traurigen zu begegnen, mag an dies Sprichwort denken und sich nicht fürchten.

Ein Tag Leiden ist länger als ein Monat Freuden. (China)
Wie relativ ist die Zeitempfindung. Wir müssen sie freilich so nicht empfinden, wenn wir es recht bedenken.

Traurigkeit und Freude sind ein drehendes Rad.

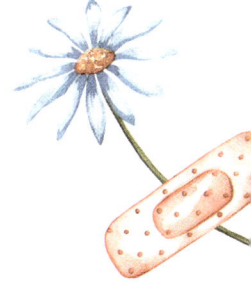

Das Rad der Fortuna besingen die *Carmina Burana* zu Beginn und Ende, und da wechseln sich im ewigen Kreislauf die Erfahrungen ab. Gut, es so relativiert zu empfinden.

Auch die Augen des Narren werden nass.
Mit den Clowns kamen die Tränen heißt ein Roman Johannes Mario Simmels. Der weiße Clown hat eine Träne oft aufgeschminkt. Die Traurigkeit ist eine allgemein menschliche Qualität.

Das Alleinsein steht Gott zu. (Kasachstan)

Der Mensch, das ist der Sinn, soll es meiden, denn er erträgt es nicht auf Dauer.

Es gibt keine Hochzeit ohne Weinen und kein Begräbnis ohne Lachen. (Italien)

Und so ist es gut, denn die Empfindungen schließen einander nicht aus, sondern vertiefen sich, wenn man offen dafür ist.

Träume sind nicht nur Schäume

Bei Wirklichkeitsflucht,
Tagträumerei und
Traumverlorenheit

In einer alten Geschichte erwacht ein Weiser aus einem Traum, in dem er so intensiv empfand, ein flatternder, freier, fröhlicher Schmetterling zu sein, dass er im Wachen sich kaum in seinem Menschenkörper wieder zurechtfinden kann. Die tiefe Verwirrung bringt ihn zu einer Frage: Bin ich wirklich ein Mensch, der träumte, ein Schmetterling zu sein, oder bin ich vielleicht gerade ein Schmetterling, der träumt, ein Mensch zu sein?

Tiefer soll es hier gar nicht in die Philosophie hineingehen. Die alte, oft wieder erzählte Geschichte inspirierte noch Karl Valentin zu seinem sehr ernsten Scherz vom Ententraum. Da weckt ein Kamerad einen anderen, der gerade träumte, eine Ente zu sein, die einen herrlichen Wurm zum Fressen nah sah. Jetzt fragt man sich, war es gut, vor dem Wurmfressen geweckt zu werden, oder schlecht. Für eine Ente wäre ja der Wurm eine Art erfüllter Wunschtraum, ein Mensch ekelte sich vorm Wurmessen; jedenfalls die meisten.

Viele Schriftsteller beschäftigten sich ebenfalls mit dem Traum und seiner Verführungskraft, die uns die Wirklichkeit vergessen lässt. Aber auch das Leben selbst schildern sie zuweilen als eine Art von Traum, weil es den Blick auf die für sie entscheidende himmlische Sphäre vernebele. *Das Leben ein Traum* heißt ein Schauspiel, und Shakespeare formulierte: „We're of such stuff as dreams are made off and our little life is but rounded with a sleep."

Dabei ist noch zwischen dem hirnphysiologischen und psychischen Phänomen zu unterscheiden und dem Traum als Bezeichnung für Erhofftes und Erwünschtes. Geschieht uns etwas in der

Art, sagen wir ja als hohes Lob: „Ein Traum!" Während wir uns darüber freuen dürfen, lenken Wunschträume nicht selten von den wichtigen Aufgaben zu sehr ab.

Die Tagträume ähneln ihnen, müssen aber nicht nur positiv sein. Wir gleiten plötzlich und bei vollem Bewusstsein manchmal in sie ab, verfallen ihrer Stimmigkeit und merken erst nach einiger Zeit, wie wir innerlich bloß einer Folge von Vorstellungen anhingen. Gerade kreative Menschen können aus der Tagträumerei Kapital schlagen, und wer sie zu lenken versteht, dem verschaffen sie vielleicht sogar Einsichten ganz besonderer Qualität.

Bleibt noch die Traumdeutung, welche seit Menschengedenken in wohl den meisten Kulturen vorkommt. Die intensiven Erfahrungen, die über den Schlaf hinaus beeindrucken, sehen viele als eine Botschaft, wobei die vermuteten Absender sich sehr unterscheiden. Als Warnungen, Ratschläge und bereichernde Nebenerfahrungen gelten sie, als göttliche Nachrichten oder als Eingebungen böser Geister. Einen Königsweg zum Unbewussten sah die Psychoanalyse im Traum, was eher literarisch als psychotherapeutisch weiterbrachte. Ein Psychologe sagte etwas sehr Einfaches und Überzeugendes auf die Frage, was ein Traum denn bedeuten könne: „Was wollen Sie denn, was er bedeute? Es ist doch Ihr Traum."

So kann man an Träumen leiden, an Tagträumen, erst recht, wenn man sich in sie flüchtet, weil die Wirklichkeit einen erschreckt, belastet oder befremdlich erscheint. Die folgenden Sprichwörter sollen die vielen Wege zeigen, wie man das Leiden zumindest anders interpretieren, nützlich werden lassen oder vermeiden kann.

Auch im Traum fängt die Spinne Fliegen.

Der Ententraum Karl Valentins und viele andere legen etwas anderes nahe als die Ähnlichkeit des Selbst in den Schlafgebilden. Die Traumrealität kann einen ja in vollkommen andere Wesen verwandeln. Der Tagtraum kann das meist weniger, noch weniger die Wünsche, die man hegt und hegt, ohne einen Weg der Umsetzung in die Wirklichkeit zu suchen.

Die fettesten Träume machen nicht satt.

Die süßesten Träume machen nicht glücklich, könnte man ähnlich sagen, weil sie eben nur Träume bleiben. Freilich sind sie nicht nichts. In der Zeit, während man sich bewusst oder unbewusst in Träumen bewegt, kann man satt und glücklich sein.

Träume und Gedanken kennen keine Schranken.

Das Sprichwort zeigt die Nähe zwischen Träumen und Tagträumen oder bloßem Denken an. Doppelgesichtig wie so oft, kann es als Warnung vor dem Unrealistischen und damit Sinnlosen gelesen werden, aber auch als Aufforderung, groß und weit und unrealistisch zu sein. Wer über das Erreichbare hinausdenkt, kommt oft weiter, als wenn er nur die Schranken als Ziel anpeilt.

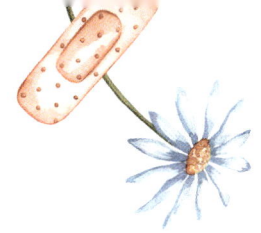

Der Kluge träumt nur, wenn er schläft, der Dumme auch, wenn er wacht.

„Träumst du?", fragt man Unaufmerksame gern. In diesem Sinn ist das Träumen nur für die Nacht empfohlen. Wenn es den Rahmen des Möglichen gedanklich erweitert, könnte es selbst für den Klugen im Wachen geraten sein. Theodor Herzl prägte als eine Art Motto des Zionismus: „Wenn ihr wollt, ist es kein Märchen." Das Undenkbare, ein wiedererstandener Staat Israel, wurde so Wirklichkeit.

Es wachen nicht alle, die die Augen offenhalten.

Manche sind Tagträumer oder anders in Vorstellungen luftiger Art befangen, und deshalb sehen sie nicht, obwohl Wichtiges vor ihnen liegt.

Im Schlaf vergisst man die Sorgen bis zum nächsten Morgen.

Das Sprichwort spricht dem Schlaf eine wichtige Entlastungsrolle zu, aber es stellt auch klar, dass man Sorgen nicht im Schlaf loswird. Ein wenig weist es auch darauf hin, wie sehr wir uns von Sorgen beherrschen lassen, die nicht immer sinnvoll sind.

Man muss oft hinter sich sehen, wenn man vorwärtskommen will.
Wer in der Gegenwart und im Status quo befangen ist, wird blind für weitere Möglichkeiten. Überprüft man den Weg, auf dem man bis in die Gegenwart gekommen ist, kann die Erkenntnis hilfreich sein für den Weg, der noch vor einem liegt.

Sehen tut den Augen wohl.
Es ist längst sogar medizinisch erwiesen, dass die Übung der Augen ihnen guttut, also vor allem nicht nur in die Nähe – auf Bildschirme z. B. – schauen, sondern in die Weite, gern auch wechselnd sehr nah, mittel und weit. Das gilt selbstverständlich auch für die Gefahr der Traumverlorenheit, die sich verringert, übt man gute Wahrnehmung des Tatsächlichen.

Wer die Welt sehen will, muss die Augen mitbringen.
Reisen allein bildet nicht, wenn man nicht richtig hinsieht, und dabei ist es am besten, den Blick schon daheim geschärft zu haben. Wach und genau wahrnehmen, das ist weniger einfach, als viele denken.

Eigenliebe macht die Augen trübe.
Der unreine Reim unterstützt die Aussage noch, dass wer zu sehr sich selbst im Auge hat, kaum etwas anderes erkennen kann und schon gar nicht richtig.

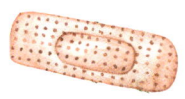

Mond einer mondlosen Nacht. (Bengalen)
Das Kurzsprichwort beschreibt das für die Augen Unfassbare, aber für den Geist Gewisse in einem romantischen Bild. Der Mond ist in mondloser Nacht ja nur nicht zu sehen. So sind Träume unwirklich und können doch schön sein und neue Blickwinkel oder Wege eröffnen.

Wer die Augen nicht auftut, muss den Beutel auftun.
Blindes Vertrauen kommt nicht selten teuer, überhaupt fehlende Umsicht und klare, prüfende Blicke in die Welt.

Nicht sehen wollen ist die ärgste Blindheit.
Die stärkste Blindheit ist es sicher, aber nicht unbedingt die schlimmste, schließlich mag beispielsweise die Liebe nicht sehen wollen, was die Welt am Geliebten kritisiert. Und das muss nicht schlimm sein, kann es aber sein.

Diejenigen, die das Träumen verlieren, sind verloren. (Australien / Aborigines)
Träume sind für die Ureinwohner Australiens lebenswichtige Botschaften, aber auch für uns strahlt das Sprichwort Weisheit aus. Die Fähigkeit, im Schlaf zu träumen, ist schon physisch wichtig, aber für den Geist sind Freiräume jenseits von Logik und harter Wirklichkeit ebenfalls bedeutungsvoll für ein erfülltes Leben.

Wer glaubt, einen Hügel aufzuschütten, mag in Wirklichkeit bloß eine Grube graben. (China)

Das eigene Tun einmal kurz aus der Distanz prüfend anzusehen, ist etwas sehr Wichtiges. Man mag erkennen, wie verblendet man an etwas arbeitete und etwas ganz anderes, gar nicht Erwünschtes erreicht.

Wenn dir zwei Leute sagen, du seist blind, schließe ein Auge. (Georgien)

Das Sprichwort war zu schön, um es wegzulassen, aber ich weiß nicht, was es bedeutet. Ist das Augezudrücken als Überprüfung gedacht, ob man tatsächlich blind ist? Soll man sich damit der attestierten Blindheit annähern? Ist es als ironische Geste zu verstehen?

Sogar ein Maulwurf kann einen Philosophen unterrichten – in der Kunst des Grabens. (China)

Sei weder zu stolz noch zu bescheiden, sondern achte das, was du selbst oder was der andere vielleicht besser kann.

Es ist die weise Hyäne, die lange lebt. (Sambia)

Wir sprechen gern vom alten Hasen, wenn jemand sich in einer Sache sehr erfahren zeigt. Er wie die betagte Hyäne brauchten viel Weisheit, um allen Feinden und Gefahren zu entkommen.

Was bringt es zu rennen, wenn du auf der falschen Straße bist.

Manche Träume sind so, dass man rennt und nicht vorwärtskommt oder sogar in die falsche Richtung. Die Eile hat sowieso schon in vielen Kulturen einen schlechten Ruf. So ruft das Sprichwort dazu auf, langsam zu eilen, mit Seitenblicken und prüfendem Sinn.

Dunkelheit verbirgt das Flusspferd. (Südafrika)

Es sterben jedes Jahr weit, weit mehr Menschen durch Flusspferde als durch Haie. Bei Dunkelheit verlassen sie oft das Wasser, um zu grasen, und so gewaltig groß sie sind, die Nacht macht sie unsichtbar. Das Sprichwort rät zur Vorsicht in solch dunklen Situationen, aber es erklärt auch die Nacht oder die Verdunkelung von Tatsachen als eine Strategie, um selbst große Vorhaben zu verbergen.

Wenn das Einzige, das du hast, ein Hammer ist, sieht alles aus wie ein Nagel. (Frankreich)

Die Einengung unserer Wahrnehmung durch unser Werkzeug – und dazu zählt auch unser Denkwerkzeug – ist gefährlich. Man sollte sich mit mehr Werkzeugen auszustatten suchen, um mehr wahrzunehmen.

Diejenigen, die aufwachen und sich selbst als Berühmtheit wiederfinden, schliefen nicht. (China)

In Kindergeschichten wie *Jim Knopf und die wilde 13* gibt es so etwas wirklich. Frau Mahlzahn schläft ein und erwacht als Drache der Weisheit. Im Schlaf geschieht etwas, das von außen wohl wahrgenommen werden kann. Manchmal handelt man freilich auch so gut wie unbewusst und folgt einfach seinem inneren Kompass. Erwacht man als Berühmtheit, war er offenbar sehr gut.

Die Decke [über dem Kamel] ist nicht krumm, das Kamel ist krumm. (Kasachstan)

Das, was wir sehen, ist eine Wahrheit, aber darunter kann eine ganz andere Ursache verborgen sein.

Warum in die Ferne schweifen?

Bei Fernweh und Reiseproblemen, aber auch bei Heimweh

Das ganze Leben beschreiben viele als eine Art von Reise, die mit dem Ausgangspunkt Geburt beginnt und beim Ziel Tod endet. Religionen sehen in ihm freilich wieder nur den Beginn einer zweiten, der Jenseitsreise, die beispielsweise in der Hölle oder im Paradies endet. Kein Wunder, ist der Mensch doch als Spezies ein Laufwesen, das immer unterwegs ist, um seinen Lebensunterhalt zu sichern.

In einer langen Phase von starker Sesshaftigkeit der meisten Menschen änderte sich das gründlich. Das Reisen galt zunehmend als gefährlich und Risiko. Im Christentum erlaubten Wallfahrten, andere Gegenden kennenzulernen, für Handwerker ab dem späten Mittelalter die Lehr- und Wanderjahre auf der Walz. Reisen als Bildung oder Erholung aufzufassen, das ist vergleichsweise modern, der Tourismus in seiner heutigen Form erst gut hundert Jahre alt. Doch auch früher kannte man schon rastlose Leute, die immer woanders sein wollten, sich nie zufrieden fühlten. Und über die Schwierigkeiten des Unterwegsseins berichtet man nicht erst seit der Privatisierung der Bahn, sondern mindestens seit Homers *Odyssee*. Deren Kern mag knapp 3000 Jahre alt sein. Bis heute ist sie sprichwörtlich für Irrfahrten aller Art. Ihr Held, der listenreiche

Odysseus, braucht zehn Jahre von Troja bis Ithaka, eine Strecke, die ein guter Segler mit Ruderunterstützung wie damals üblich binnen Wochenfrist schaffen konnte. Nun gut, sieben Jahre blieb er bei der hübschen Göttin Kalypso, ein Jahr bei der bezirzenden Zauberin Kirke. Heimweh sieht anders aus. Spätere Überlieferungen behaupten, Odysseus sei nach seiner glücklichen Heimkehr in seinem Königreich nie mehr heimisch geworden und nach einiger Zeit wieder so stark vom Fernweh ergriffen worden, dass er wieder aufbrach.

Auch wenn die bis jetzt beschriebenen Reiseleiden weniger schwerwiegend zu sein scheinen als Montezumas Rache oder „Pharao's revenge", wie man Reisediarrhöe auf Englisch nennt, plagen Fernweh, Heimweh und viele Hindernisse unterwegs schon. Kein Wunder, dass zahlreiche Sprichwörter aus vielen Ländern Hilfe anbieten, gleichsam eine besonders passende Abteilung dieser sprachlichen Reiseapotheke.

Wo es gut ist, ist Heimat. (Aristophanes, antikes Griechenland)

Es stimmt nicht, dass nur die Deutschen das Prinzip „Heimat" kennen, wie dieses weit über 2000 Jahre alte Sprichwort beweist. Sehr weise und pragmatisch lehrt es aber, dass wichtiger als der bloße Herkunftsort ein gutes Lebensumfeld ist. Wer unabhängig genug ist, kann jeden Ort, an dem es ihm gefällt, zur Heimat erklären.

Das Bett ist die Oper der Armen. (Ägypten)

Arme können sich keine teuren Vergnügungen leisten, also vergnügen sie sich im Bett. Es muss freilich nicht nur der Sex sein, das Bett kann auch der Ort für die wildesten Traumreiseabenteuer sein, ohne dass es einen Piaster kostet.

Die Küchenschabe hat nichts im Hühnerhof zu suchen. (Jamaica)

Reisen kann gefährlich sein, das ist keine neue Weisheit. Gleichwohl begeben sich immer wieder Touristen in Gegenden, die für sie risikoreich sind; auf die Gefahr hin, Verluste aller Art zu erleiden.

Besser, als mit bösen Absichten eine Pilgerreise zu machen, ist es, mit guter Absicht ein Bier zu trinken. (Tibet)

Man nimmt sich selbst überall hin mit und damit seine Gestimmtheit. So heilig also die Reiseart sein mag, entscheidend ist, wie man tut, was man tut.

Bleibe im Land und nähre dich redlich. (Bibel)

Das Land ist gerade im Judentum etwas sehr Besonderes und heißt ja sprichwörtlich „das Gelobte Land", also das vom Herrn versprochene. Kein Wunder, dass der Rat erfolgt, es nicht zu verlassen, sondern mit Fleiß fruchtbar zu machen, von seinen Früchten und damit ehrenhaft zu leben.

Jedes Land hat sein Lachen, jedes Getreide seine Spreu. (Schottland)

Die Spreu ist das, was nach dem Dreschen übrigbleibt, und hat kaum einen Wert. Das Lachen dagegen kann positiv oder negativ sein. Das Sprichwort rät, Lachen in einem anderen Land nicht als Kritik oder gar Beleidigung zu beurteilen, sondern als etwas, das man prüfen sollte. Was daran ist Spreu, was Weizen?

Das Beste, was man von einer Reise mitbringen kann, ist die heile Haut. (Persien)

Groß sind die Erwartungen und Hoffnungen vor einer Reise. Freilich bringen Reisen immer auch Gefahren und Risiken mit sich. Kommt man mit heiler Haut heim, ist das also schon eine feine, ja die wichtigste Sache.

Alle Lande sind des Weisen Vaterland.

Man kann überall etwas lernen, sagt sich der Weise und fühlt sich überall daheim.

Der Mensch geht durchs Leben, wie ein Reisender über die Meere fährt. (China)

Die Lebensreise birgt viele Unsicherheiten und Gefahren, die man viel zu oft unterschätzt.

Der Frosch, der im Brunnen wohnt, weiß nichts von anderer Welt. (Japan)

Nicht ohne Grund spricht man lobend von einem „weiten Horizont", den jemand hat. Wer eine enge, beschränkte Weltsicht hat, gleicht dem Frosch im Brunnen.

Das eigene Land Erdbeeren, das fremde Land Heidelbeeren. (Finnland)

Erdbeeren sind natürlich größer als Heidelbeeren, beide aber gute Früchte. Gleichzeitig sind Heidelbeeren kleiner als Erdbeeren. Achte beides, bedeutet es.

Die an der Donau sehen nach dem Schwarzen Meer, und die am Schwarzen Meer schauen zu der Donau her.

Immer wieder sehnt man sich nach Orten, an denen man nicht ist. An der Mündung schaut man zum Fluss, am Fluss nach der Mündung.

Wer die Sprache kann, ist überall daheim. (Holland)

Man merkt es an der inneren und äußeren Haltung, dass Menschen, welche die Sprache eines Landes beherrschen, sich dort frei und sicher präsentieren. Das gilt auch für Fachgebiete. Für Leute, die sich darin auskennen, sagt man, dass sie darin „daheim seien".

Pilger kehren selten als Heilige wieder.

Einerseits verändert Reisen weniger, als man denkt, andererseits unternehmen viele Reisen mit einem ganz bestimmten Zweck, hier einem frommen, schaffen es aber meistens nicht, ihm ganz und gar treu zu bleiben.

Bleib daheim bei deiner Kuh, willst du haben Fried und Ruh.

Die Fremde besah man über Jahrhunderte vor allem misstrauisch und ängstlich, und es ist etwas dran, dass die Beschränkung auf den eigenen Lebenskreis positiv sein kann. Freilich will man nicht immer Fried und Ruh.

Es ist eine einfältige Katze, die bei einem Loche sitzen bleibt.

Ortstreue ist keine Qualität an sich. Wer Gewinn oder Beute machen will, der muss sich tummeln und beweglich bleiben, um die Gelegenheit beim Schopf zu packen, wo auch immer sie sich bietet.

Es gibt keine Brücke ohne ein Stück Land auf der anderen Seite. (Wales)

Das Sprichwort kennt noch nicht die Bauabsurditäten der Moderne. Damals stellten Brücken hilfreiche Wegbauwerke dar, aber auch welche, die misstrauisch machen konnten. Sie überspannten ja in der Regel natürliche Grenzen wie Flüsse oder Schluchten, die man als wichtig ansah, als Schutz nicht selten. Das Sprichwort ermuntert, eine Brücke vor allem positiv zu sehen und nicht misstrauisch zu blicken auf das Land auf der anderen Seite.

Die Trennung fördert die Unterhaltung. (Türkei)

Wenn einer eine Reise tut, so kann er was erzählen, wissen wir, und natürlich fragte man Reisende vieles. Die Abwesenheit allein machte aufmerksamer auf die Eigenheiten derer, die gegangen, und derer, die geblieben waren.

Zerbrochene Töpfe gibt's überall.

Verächtlich und spöttisch reagiert das Sprichwort auf Reiselust und das Fernweh, indem es auf das lächerlich Alltägliche und Wertlose hinweist.

Warum in die Ferne schweifen, sieh, das Gute liegt so nah. (Johann Wolfgang Goethe)

Das Alltägliche nimmt man oft gar nicht mehr richtig wahr, und von der Oberflächlichkeit ist es nicht weit zur Verachtung, welcher dann Fernweh entspringt. Sieht man wieder genauer hin, erkennt man oft die übersehene Qualität des Gewohnten.

Ein rollender Stein setzt kein Moos an.
(Antikes Griechenland)

Das international berühmte und über 500 Jahre alte Sprichwort hat Wirkung bis hin zum Namen der „Rolling Stones". Es veränderte seine Bedeutung im Lauf der Zeit vollkommen. Erst verstand man das Rollen des Steins, ein Bild des Reisens und der Ruhelosigkeit, negativ, das Wachstum des Mooses als etwas Gutes. Seit der Moderne empfinden viele freilich „Moos ansetzen" als negativ, vor allem wenn man jung ist und dabei an Ausdrücke wie „ein bemoostes Haupt" denkt, das Unterwegssein dagegen als schön und erstrebenswert.

Auch dort, wo du eine Frau findest, ist dein Vaterland.
(Arabisch)

Das Sprichwort rät erstaunlich modern und klug einem Mann zur Relativierung seiner Heimatgefühle.

Wähle dir den Weggefährten, dann erst den Weg.
(Arabisch)

Es gibt bei uns das alte Wort vom „guten Reisekameraden". Mit so jemandem kann man so gut wie überallhin reisen und auf allen Wegen. Allein zu reisen, das empfand man früher als gefährlich.

Die Laus, die läuft, trifft den Daumen. (Lomwe, Malawi)
Unauffälligkeit kann sehr wichtig sein, Unterwegssein gefährlich.

Mit dem Hut in der Hand kommt man durch das ganze Land.
Höflichkeit beschreibt das Sprichwort als eine Art von idealem Reisepass. Sie öffnet Türen, Herzen und manchmal sogar Geldbeutel, wenn es nötig ist.

Wer zur Tür hinaus ist, hat die Hälfte der Reise getan.
Viele kennen das Problem, dass es sehr lange dauert, ehe man die Phase des Planens, Zweifelns, der Vorfreude überwunden hat und tatsächlich sich auf die Reise macht. Gar nicht so selten kommt es gar nicht zum Aufbruch. Ist man erst einmal unterwegs, sieht alles anders aus.

Wenn ein Hund einen Fluss überquert, wird er ein Welpe. (Lesotho)
In einem anderen Land oder Landstrich fängt man wieder ganz von vorn an, fühlt sich unsicher, in anderssprachigen Ländern und schwierigen Situationen sogar wie ein Kind.

Die Erfahrung ist so gewöhnlich und so schmerzhaft zugleich: Nach langer, kluger Planung, aber auch nach einer spontanen Entscheidung für etwas aus dem Bauch heraus folgen Fehlschläge, Enttäuschungen, und wir erkennen, in wie vielen Annahmen wir uns mächtig irrten, was wir alles nicht in unsere Rechnung einbezogen hatten.

Gerade deshalb folgen wir Einbruchs- und Diebstahlgeschichten in der Literatur oder im Film so gern. Die detaillierten und ausgeklügelten Vorbereitungen gleichen in gesteigerter Form unserem Alltagsplänen, und ebenso ist es, wenn dann ein Mensch mit seinen Schwächen oder ein unbeachteter Umstand den Coup scheitern lassen, so dass sich alle Hoffnungen in Luft auflösen. Besonders eindrucksvoll sieht man es in Stanley Kubricks *The Killing*, als der Koffer mit der Beute auf dem Transport zum Flugzeug schon von demselben fällt und Tausende Geldscheine im Propellerluftstrom über den Flugplatz flattern.

Weder die alltäglichen noch die kunstvollen Scheiternsgeschichten entwerten das Planen an sich, aber sie gleichen Warnzeichen an der Küste, die den Schiffen signalisieren: Es sieht hier ungefährlich aus, aber das täuscht. Zum Glück bringen gewöhnliche Fehlschläge weit weniger Unglück und Schaden mit sich als Schiffbrüche, gleichwohl machen sie uns unglücklich, untergraben unser Selbstwertgefühl, unsere Souveränität, erst recht das Gefühl von Planungskompetenz.

Deshalb gibt es in den meisten Kulturen Sprichwörter, die sich mit dieser Erfahrung beschäftigen. Sie trösten, ironisieren, bestärken, relativieren und vieles mehr. Vor allem bieten sie etwas zu sagen an, wenn die Enttäuschung einem die Lippen und das Herz verschließt.

Das ist besonders wichtig für Erwartungen, die sich nicht erfüllen. Sie beruhen meist auf Urteilen, die wir dauernd und oft überflüssigerweise fällen. Vor 2500 Jahren meinte der Philosoph Epiktet: „Wenn du das von Natur aus Abhängige für frei hältst und das Fremde für dein eigen, so wird man deine Pläne durchkreuzen und du wirst klagen, die Fassung verlieren und mit Gott und der Welt hadern; hältst du aber nur das für dein Eigentum, was wirklich dir gehört, das Fremde hingegen, wie es tatsächlich ist, für fremd, dann wird niemand je dich nötigen, niemand dich hindern, du wirst niemanden schelten, niemanden die Schuld geben, nie etwas wider Willen tun, du wirst keinen Feind haben, niemand wird dir schaden, denn du kannst überhaupt keinen Schaden erleiden."

Zu philosophisch? Zu ausführlich und kompliziert? Deshalb entstanden ja als Quintessenz vielen Denkens Sprichwörter. Kurz, handlich, einleuchtend, trostvoll. Selbst Epiktet fasste es fasslicher in einem Satz: „Nicht die Dinge selbst sind es, die uns beunruhigen, sondern unsere Ansicht über die Dinge."

Könnte man das Beurteilen auch nur einschränken, erführe man schon viel weniger Enttäuschungen und viel mehr Freiheit im Denken und Fühlen.

Der Mensch wird nicht hundert Jahre und macht sich Sorgen für tausend. (China)

Das Sprichwort lädt dazu ein, sich selbst und das Leben mit mehr Distanz zu sehen. Sorgen an sich sind ja nicht sinnlos, aber sie können sich oft verringern und verkleinern, wenn man sie mit Abstand betrachtet und sie in drängende, wichtige und unwichtige sortiert.

Der Nachmittag weiß, was der Morgen niemals erwartet hat. (Schweden)

In Deutschland heißt es ähnlich und doch anders: Man soll den Tag nicht vor dem Abend loben. Das schwedische Sprichwort klingt etwas heiterer und aufmunternder. Es fordert dazu auf, sich auf Überraschungen einzustellen, das Unerwartete in den Tag einzuplanen und sich gelassen auf das Kommende einzustellen; damit warnt es auch vor zu festen Erwartungen.

Ein Tag lehrt den anderen. (Antikes Rom)

Herrlich lakonisch heißt es im Original „Dies diem docet". Es weist auf die Möglichkeit hin, im Lauf der Zeit etwas klüger, vielleicht sogar weiser zu werden. Das Gestern und die Erfahrungen, die ich da machte, ermöglichen mir, das Heute und das Morgen besser einzuschätzen. Damit es gelingt, darf man der Zeit Zeit lassen, ihr Lehrwerk zu tun.

Wenn du zu locker greifst, entflieht es, wenn du zu stark greifst, zerdrückst du es. (Antikes Rom)

Vor allem als Rat für Fechter blieb das Sprichwort lebendig, aber es passt für viele Projekte und Pläne heute genauso. Weder verbissen noch zu leichtfertig muss man mit ihnen umgehen, sollen sie gelingen.

Einen goldenen Dolch kann man weder behalten noch wegwerfen. (Kaschmir)

In Rudyard Kiplings *Dschungelbüchern* kommt die Geschichte vor, in der Mowgli erfährt, wie verderblich ein goldener Ankus, ein Elefanten-Treibstachel, wirkt. Die Gier, ihn zu besitzen, führt zu Tod auf Tod. Wer kein Naturkind wie Mowgli ist, kennt die Gefahr noch besser, die wertvoller Besitz darstellt, und die Qual, ihn nicht loslassen zu können.

Was ich leimen wollte, war ein Papagei, was ich geleimt habe, ist ein Wellensittich. (Malaysia)

Die Vogeljagd mit Leimruten steckt hinter dem Sprichwort. Dessen Bedeutung: Man bekommt oft nicht, was man wollte, aber doch ist es mehr als nichts, was man bekommt, wenn man sich nur bemüht.

Weil ich dachte, es sei eine Pagode, verehrte ich es, erst als ein Waran herausrannte, bemerkte ich, dass es ein Termitenhügel war. (Myanmar)

Was für ein anschauliches Bild für eine Situation, die wir kennen. In Michael Endes Jim-Knopf-Geschichten kommt etwas Ähnliches vor, das sprichwörtlich wurde: der Scheinriese. Wieder geht es um das Problem unserer Ansicht der Welt, die nicht selten falsch ist. Immer wieder sollten wir sie überprüfen, uns nicht blenden lassen – und nicht erst auf den klärenden Waran warten.

Wüssten wir, wo wir fielen, wir breiteten Stroh dort aus. (Finnland)

Wieder ein gutes Bild, das die Unsicherheit und Unbestimmtheit des Lebens anschaulich werden lässt, und heiter dazu. Risiken gehören zum Leben, wir können nie alle vorhersehen.

Wenn es kommt, ist es golden, wenn es nicht kommt, war es aus Gras. (Kaschmir)

Die flexible Bewertung scheint dumm zu sein, weil sie nicht dem absoluten Wert entspricht, aber sie ist weise, weil sie Freude im Glücksfall ermöglicht und Gelassenheit, wenn etwas nicht eintrifft. Dazu passt freilich mit leicht anderer Bedeutung die Fabel vom Fuchs und den Weintrauben. Die erst erwünschten Trauben werden als sauer gescholten, als er sie nicht erreichen kann.

Die seltenste Pflanze ist Fortunas Unkraut.
Denn Unkraut vergeht nicht. Verlass dich also nicht nur aufs Glück.

Brich dir nicht das Schienbein an einem Schemel, der nicht in deinem Weg ist. (Irland)
Kümmere dich nicht um fremde, sondern um deine Sachen und stelle dir nicht sorgenvoll zu viele Hindernisse vor.

Ein nach gemeinsamer Beratung abgeschnittener Finger schmerzt nicht. (Kasachstan)
Gemeinsam erarbeitete Beschlüsse lindern die Wirkung schmerzhafter Entscheidungen. Traditionell gelten in Kasachstan Beratungsergebnisse als absolut zu respektierende.

Die naheliegende Wahl bedeutet üblicherweise eine rasche Reue. (USA)
Zögere kurz und überlege, was wirklich und auf längere Sicht ratsam ist. Dieser Rat ist klar. Dabei ist wie immer das Sprichwort zu bedenken: Sprichwörter kommen in Paaren. Das eine rät dies, das zweite das Gegenteil. Hochbedeutend ist deshalb, in der aktuellen Situation zu erkennen, ob das Naheliegende vielleicht doch gut sein könnte, bedeutet es auch „üblicherweise" Reue.

Die Mutter des Unglücks ist nicht größer als der Flügel einer Mücke. (England)

Wir sagen: „Der Teufel steckt im Detail." Achte nicht nur auf die großen Risiken und Unklarheiten!

Das Lecken eines Behälters ist eine Erleichterung für den Träger. (Tansania)

Alles eine Frage der Perspektive: Wer den Inhalt des Behälters haben möchte, wird das Herauströpfeln durchs Leck des Behälters bedauern, den Träger erfreut die geringer werdende Last.

Wenn die Katze dem Hund einen Vogel zeigt, freut sich die Maus.

Ein tierisches Vergnügen in einem kurzen Satz. Das Sprichwort macht gleichzeitig klar, wie viele Vorannahmen unser Weltbild prägen. Wir gehen von klaren Verhältnissen zwischen Hund und Katze und Katze und Maus und Vogel und Katze aus. Das macht den Witz aus, aber in der Häufung der Beziehungen liegt auch die Aufforderung verborgen, die Vorannahmen nicht absolut zu setzen.

Dreißig Mönche und ein Abt können einen Esel nicht einmal mit Gewalt dazu bringen zu trinken. (Italien)

Erkenne deine Grenzen, die deines Einflusses, deiner Möglichkeiten, und verhalte dich danach. Gib manchmal einfach auf und überlasse es denen, die können, was du nicht kannst.

Platziere Schlingen in der See für den Fischfang, und die Muschel wird lächeln, angle nach Tauben im Wald, und das Rhinozeros wird lachen. (Malaysia)

Der Fehlschlag einer Handlung liegt nicht selten in einem selbst begründet. Achte auf das Angemessene deiner Taten. Je nach Gegebenheit benötigt man sehr unterschiedliche Hilfsmittel.

Der dem Spiel zusieht, will's immer anders gespielt haben.

Aber er ist nicht der Spieler. Das Sprichwort weist auf diesen entscheidenden Unterschied hin und darauf, Rat von außen und den von Nichtverantwortlichen eher gering einzuschätzen.

Hast du keine Pfeile im Köcher, so misch dich nicht unter die Schützen.

Achte auf deine immer beschränkten Möglichkeiten, materielle und geistige, sonst wird es peinlich für dich.

Wenn die Kakerlake einen Tanz gibt, lädt sie nie das Huhn ein. (Haiti)

Sei klug in deiner Planung und vermeide Risiken, die auf der Hand liegen! Und: Erwarte nichts Widersinniges!

Die Elefanten konnten dem Sturm nicht standhalten, aber die alten Frauen sammelten Baumwolle von den Pflanzen. (Kaschmir)

Die Klugheit und Widerstandsfähigkeit der Frauen preisen viele Kulturen, aber dieses Sprichwort wohl am schönsten. Schwer vom Alter gebückt, lassen die Alten den Sturm über sich hinwegziehen und ziehen noch Nutzen aus ihm, wohingegen die gewaltige Kraft der Elefanten zu gering war. Das Sprichwort rät freilich auch allen Menschen, sich nicht auf Kraft allein oder auf Größe zu verlassen, sondern das Sichbeugen als mögliche Handlungsalternative im Blick zu behalten. Zuletzt geht es wieder und zusätzlich darum, nicht vorschnell zu urteilen, also die Elefanten als unüberwindlich, die alten Frauen als schwach einzuschätzen.

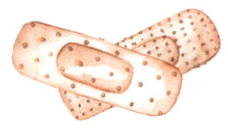

Im Ärger tanzen Wahnsinn und Wahrheit

Bei Enttäuschungen durch Menschen, Ärgerattacken und Wutanfällen

Die Wut hat einen schlechten Ruf. Sie gilt als gefährlich für andere und einen selbst. Man sagt ihr nach, nur irrational zu sein, ohne jede Rücksicht und oft sogar ohne Maß. Der Zorn hat es etwas besser, wirkt er doch weniger aktiv und mehr auf einen selbst bezogen. Noch schwächer wirkt in diesem Trio der Ärger, der selbst schlechte Laune wegen irgendwelcher Kleinigkeiten beschreiben kann. Geradezu rational wirkt zuletzt das Gefühl Empörung, das meist auf erlittenes oder beobachtetes Unrecht bezogen wird.

Das Sprichwort in der Überschrift weist freilich darauf hin, dass es sich bei diesen starken Gefühlen um sehr ambivalente handelt und sehr kraftvolle. Ein Tanz von Wahnsinn und Wahrheit – das lässt viele Gedanken zu. Vor allem fordert das Sprichwort dazu auf, weder das eine noch das andere absolut zu sehen, sondern die Gefahren und die Möglichkeiten in beiden Richtungen.

Wut, Ärger, Zorn, Empörung – alle können das Herz zerfressen, und das Gemüt. Sie können aber auch mächtiger Antrieb sein, eine Tatkraft entschieden steigern. Wie eine starke Energiequelle muss man sie klug nutzen und ihr zerstörerisches Potenzial eingedämmt halten und kanalisieren. Nicht nur in Atomkraftwerken gibt es Kettenreaktionen! So rasant man manchmal auf einer Welle von Wut und Empörung reiten kann, so leicht gerät man in ihre mitreißenden Wirbel.

Und dann gibt es noch die unterschiedliche Bewertung von Wutausbrüchen oder Ärgerattacken. Ist es ein Kind, ein Mann, eine Frau, eine Menge, eine Person der eigenen Kultur oder einer, die einem fremd erscheint? Wie leicht wird man nicht mehr ernst genommen oder gar verlacht! Das steigert die Wut meist noch mehr und ebenso den Spott anderer; ein Teufelskreis!

Umso wichtiger ist das Bild des Tanzes. Wie Menschen im Paartanz nur in einem dynamischen Spiel der Kräfte zum Ideal von Eleganz gelangen, so erreichen die aggressiven Gefühle am meisten, bleiben sie sich der Bedeutung des Widerparts, der Wahrheit eben, bewusst. Wer bloß wütet, erreicht selten etwas Positives, wer nur rational und gemessen für die Wahrheit sich einsetzt, dem fehlt nicht selten die nötige Durchsetzungskraft. Beides zusammen und im richtigen Ton vermag Erstaunliches.

Wie eine Hornisse im Bambusrohr. (Malaysia)

Sinnlose, laute Wut erschreckt die anderen unnötig, schadet außerdem dem Ärgerlichen, der in dem Gefühl gefangen ist, selbst oder nützt ihm zumindest nichts.

Beruhige eine wütende Person nicht, in einer kleinen Weile wird sie vollkommen ermüden und Segenssprüche von sich geben. (Kaschmir)

In vielen Gegenden des Fernen Ostens sagt man: Wer einer Sache Widerstand entgegensetzt, verstärkt sie. Dies Sprichwort stellt sogar ein Umschlagen des Negativen ins Positive in Aussicht, hält man nur fein still.

Bevor du mit dem Kopf durch die Wand willst, überlege dir, was du im Nebenzimmer machst.

Weniger als ein Sprichwort, mehr als ein Aphorismus, garantiert ein guter Rat. Die Wut-Energie durchbricht manchmal ja wirklich Wände, aber das Ziel sollte das Risiko lohnen. Blindwütig vorgegangen, findet man sich sonst leicht in lächerlicher oder sinnfreier Lage wieder und mit Blessuren.

Die Zunge hat keinen Knochen, doch bricht sie viele Knochen. (Armenien)

Wie schnell sagt man etwas. Oft schneller, als man denken kann. Die Folgen können peinlich und gefährlich sein. Man soll also die Zunge, welche für die Äußerungen steht, nie unterschätzen. Ein drastischeres Sprichwort sagt: „Es ist die Zunge, die einem den Hals durchschneidet."

Verzeihen ist die beste Rache.

Erstaunlich, aber oft wahr. Wer sich so überwunden hat und seine Aggressionen auf andere und deren Taten, wird spüren, dass diese Form der Rache guttut. Und wer das unerwartete Verzeihen erlebt, wird verunsichert sein, überlegen, ob er es ernst nehmen kann, ob es ein Täuschungsmanöver ist oder ein Zeichen von Schwäche, ob er selbst hätte verzeihen sollen. Allein solche Irritation beim anderen ist schon ein schöner Erfolg.

Zwei Nadeln können sich nicht verletzen. (Mexiko)

Das Sprichwort ist leicht und nicht leicht zu verstehen. Es ist als schlichte Beobachtung wahr, aber was steckt dahinter? Wahrscheinlich will es dazu anhalten, immer spitz und auf den Punkt genau sich zu geben im Austausch mit anderen. Wenn alle so sind, kann ja nichts passieren.

Blut kocht ohne Feuer.

Das Sprichwort macht klar, dass man die Ursache für das kochende Blut nur in sich selbst finden kann. Ist der innere Brand, der es aufwallen lässt, gerechtfertigt, nur ein Impuls oder Reflex? Handelt es sich um eine Betriebstemperatur, die auch produktiv sein kann?

Heiß, aber wie die Hitze der Hühnerscheiße. (Malaysia)

Mit etwas Glück ist die Ärgerhitze so rasch erkaltet wie der Kot der Hühner, nachdem er sie verlassen hat.

Hunde, die sich selbst beißen, haben ihre Namen vergessen. (Japan)

Tollwütige Hunde beißen sich tatsächlich selbst und hören nicht mehr auf ihren Namen. Achte also darauf, Wut und Ärger nicht selbstzerstörerisch werden zu lassen.

Der Stein, der das Messer schleift, muss selbst nicht schneiden.

Eine Streitstrategie besteht darin, andere zu reizen, sie zu immer schärferen Reaktionen zu provozieren, ohne selbst aggressiv oder auch nur laut zu werden. Das Sprichwort rät, sich über jeweilige Rollen im Streit klarzuwerden. Wer ist Schleifstein, wer Messer? Ist das Ergebnis Schärfe das erwünschte Ziel? Erwarte ich vom Ergebnis her etwas, das gar nicht im Wesen des anderen liegt?

Zwei harte Steine mahlen selten reine.

Ähnlich wie das vorige Sprichwort rät dieses, die Rollen zu überprüfen und das gewünschte Ergebnis. Tatsächlich verwenden Mahlwerke in aller Regel Mahlsteine unterschiedlicher Härtegrade, damit sie sich möglichst wenig selbst mahlen, sondern nur das Mahlgut.

Hasshand teilt gern aus, bricht sich aber viele Knochen. (Türkei)

Will man so eine Hasshand führen, die sich selbst verletzt, indem sie andere verletzt? Manchmal merkt man in seinem Hass gar nicht mehr, wie er sich verselbstständigt.

Es gibt zweierlei Geschlechter der Menschen: Eins zürnt gern, das andere gibt nichts drauf.

Man kann das Zürnen zu einer Gewohnheit machen und in gewisser Weise genießen, doch nicht, wenn andere sich unbekümmert darum zeigen.

Besser eine rennende Henne als ein toter Gockel. (Mexiko)

Bekannter ist bei uns eine sehr ähnliche Version: „Besser ein lebender Hund als ein toter Löwe." Das mexikanische Sprichwort bringt Humor in die Sache und Rasanz.

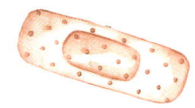

Die Retourkutsche fährt den ganzen Tag. (R.-B. Essig)

Retourkutschen fuhren eine bestimmte Strecke, zum Beispiel Frankfurt-Hanau immer nur hin und zurück. Das verglich man mit dem Hin und Her der Streitäußerungen. Wer nicht aufpasst, findet sich in einem Streitkontinuum. Im richtigen Ton gesagt, kann das Sprichwort zu gemeinsamem Erkennen und Lachen über einander und die Situation führen.

Ich habe die Gurke gehasst und sie ist mir auf der Schulter gewachsen. (Spanien)

Das intensive Gefühl verkörpert seinen Gegenstand derartig stark, dass er Teil des Hassenden wird.

Kippe das Schiff voll Ärgerlichkeiten um. (Samoa)

Was auch immer an Bösem und Ärgerlichem vorgefallen ist, soll man sich als ein Schiff vorstellen, das damit beladen ist, und es kentern und sinken lassen. Noch mehr als ein begrabener Zwist ist so ein versenkter aus der Welt.

Zorn und Kaffee müssen heiß genossen werden. (Türkei)
Klar, kalter Kaffee schmeckt nicht mehr gut – sieht man vom nicht gemeinten Eiskaffee ab. Und Zorn ist manchmal gar ein heiliger. Nach einer Zeit aber verliert er Überzeugungskraft und Sinn, wirkt lächerlich sogar und schmeckt einem selbst nicht mehr. Das zu bedenken, kann auch im Moment seines Entstehens relativierend wirken; oder anspornend.

Hunde kämpfen miteinander, aber beim Ruf des Schakals sind sie eine Einheit. (Kaschmir)
Wozu das Gekläffe und Streiten und Kämpfen, wenn doch ein einziger feindlicher Impuls von außen zur Einigkeit führt?

Wer Rache sucht, sollte daran denken, zwei Gräber zu schaufeln. (China)
Viele Bücher und Filme handeln von der Verderblichkeit der Rachsucht. Das Sprichwort fasst die Erkenntnis in unerhörter Härte und Kürze zusammen.

Beschwöre nie mehr Teufel herauf, als du überwältigen kannst. (England)
Manchmal spürt man eine Lust am Streit, Kampf, Zorn. Warum auch nicht, wenn man seine Grenzen im Blick behält und die Gefahr, sich selbst zu schaden.

Der Mast ist heruntergeschlagen durchs Segel. (Malaysia)

Eigentlich sind sie ein unschlagbares Paar, aber bei ungünstigen Umständen – zu viel Wind – oder Unnachgiebigkeit – das zu straffe Segel – schadet eines dem anderen, so wie Freunde plötzlich einem schaden.

Die Furcht hat große Augen

Bei Unsicherheit, Ängstlichkeit und Selbstzweifeln

Tausende Therapeuten behandeln krankhafte Unsicherheit, pathologische Phobien und destruktive Zweifel. Darum kann es hier selbstverständlich nicht gehen. Millionen freilich leiden an diesen Gefühlen in einem geringeren, gleichwohl sehr unangenehmen Maß. Für sie mag es schon tröstlich sein, dass seit vielen Jahrhunderten andere Menschen ähnliche Gefühle haben und dass noch länger Sprichwörter dagegen helfen wollen.

Weit vor den Zeiten moderner Selbstoptimierungsstrategien rieten Weisheiten, wie man mit Unsicherheit, Ängstlichkeit, Selbstzweifeln umgehen könnte. Ihr Ziel gleicht denn auch nicht so sehr dem unzähliger Seminare, welche mutige und selbstbewusste Menschen produzieren wollen. Sie beruhen auf der Erkenntnis, dass diese Gefühle einen Sinn haben, sie also nicht an sich verächtlich sind. Zur falschen Zeit oder in falscher Intensität können sie hinderlich und schwächend sein – übrigens genau wie übergroßer Stolz, Furchtlosigkeit oder unangekränkelte Selbstsicherheit. Gar nicht selten beruhen die quälenden Gefühle auch auf falscher Einschätzung der anderen. Wie oft erlebt man in Augenblicken der Wahrheit, wie zwei einander gestehen, dass sie den jeweils anderen für besonders souverän halten, sich selbst für unsicher. Wie lautet ein altes Sprichwort: „Andere kochen auch nur mit Wasser."

Die Sprichwörter in diesem Kapitel ermöglichen mit Humor und sprachlicher Finesse eine positive Selbstbeobachtung und Selbstbewertung, wobei auch die kritische Wahrnehmung anderer verbessert wird. In vielen Situationen erweisen sie sich zudem als Schlüssel zu einer Klärung von Situationen, indem man sie schlicht zitiert. Wer sie hört, denkt nach, wundert sich, amüsiert sich wahrscheinlich und lässt vielleicht manche Maske fallen, hinter der es sich gut verstecken ließ. Wer sie ausspricht, bemerkt gleichfalls positive Wirkungen wie Erheiterung, Erdung, Fokussierung, Stützung. Die Sprichwörter unterschiedlichster Zeiten, Kulturen und Denkrichtungen ermöglichen ja, sich in eine großartige Tradition einzureihen von Menschen, die wohl schon immer die Unsicherheit, den Selbstzweifel, die Ängstlichkeit kannten und Strategien dagegen entwickelten.

Das ist ein mutiger Vogel, der sein Nest im Katzenohr baut. (Hindi)

Witzig, anschaulich, absurd, das ist indischer Humor in Reinkultur und indische Weisheit sowieso. Da ist zudem so herrlich viel in der Schwebe. Soll die Tollkühnheit des Vogels verlacht oder als besonders schlau bewundert werden? Schließlich haust er zu nah an einer Feindin, als dass er dort sicher sein könnte. Als Zitat herrlich wirkungsvoll in vielfältiger Weise!

Wenn du ein Schwein mit zwei Köpfen siehst, halt bloß dein Maul. (Irland)

Wieder ein vielfach erprobter Weisheitssatz, der immer für Heiterkeit sorgt, ehe man ihn überhaupt versteht. Geht es um einen Betrunkenen, der doppelt sieht? Soll man Unglaubliches lieber für sich behalten? Das Bild allein und die Formulierung sind schon wirkungsvoll genug.

Es gibt Lügen, die selbst eine Schlange in die Irre führen. (Türkei)

Fühlst du dich der Schlauheit eines Gegenübers unterlegen, sage dieses Sprichwort; am besten in neutralem Ton. Es wird produktive Verwirrung eintreten. Du selbst kannst Kraft aus ihm ziehen, denn manchmal sind Lügen notwendige Auswege. Denk aber auch an die Schlange selbst. Lass dich nicht in die Irre führen.

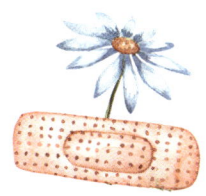

Manche hat man für mutig gehalten, weil sie zu furchtsam waren davonzulaufen. (England)

Eine Anekdote, vielleicht gar ein Roman steckt in diesem Sprichwort. Da ist jemand von einem lähmenden Schrecken erfasst und steht so fest, dass er die eigenen Leute ermutigt und die Angreifer einschüchtert. Es gibt solche Geschichten in vielen Kulturen. Man kann über sie lachen, man kann die unerwartete Qualität der Angst schätzen lernen und dass man sich nicht ins Bockshorn jagen lassen sollte, bloß weil man Mut bei anderen vermutet.

Falsche Edelsteine müssen eine gute Fassung haben.

Berühmtheiten gestehen in Interviews regelmäßig, dass sie unter der Angst leiden, irgendwann und in irgendeiner Weise enttarnt zu werden. Es gibt außerdem Momente, in denen man blenden muss, um sie zu überstehen. Dann heißt es, Fassung bewahren, eine gute. Außerdem ist Modeschmuck gar nicht selten teurer als echter.

Wenn du eine alte Dame rennen siehst, frage nicht, warum, renne auch. (Jamaica)

Gesunde Angst ist wichtig, und wenn sogar eine alte Dame rennt …

Als der Stamm vom Blitz getroffen wurde, wurde das Chamäleon auch getroffen. (Myanmar)

Vieles fürchtet man zu Recht, gerade die negativen Folgen, die man erleidet, obwohl man eigentlich nicht das Ziel des Einschlags war. In wessen Nähe ist es gut und ungefährlich? Wen triffst du selbst mit Wut und Kritik, den du gar nicht meintest?

Das viele Irregehen macht den Weg nicht richtig.

Obwohl die Unsicherheit wächst, verhindert vielerlei oft, dass wir innehalten und prüfen, ob wir etwas lediglich intensiv tun, aber nicht mehr sinnvoll. Fehler, Irrwege, Irrtümer einzugestehen, das ist nicht leicht, aber außerordentlich produktiv.

Es ist der schlammige Schakal, der überlebt. (Lesotho)

Ob er auf der Flucht schlammige Stellen hinnimmt oder auf Futtersuche auch dort Beute machen will, Anstrengung und das Fehlen falschen Ekels oder Stolzes lassen das Tier überleben.

Es ist sehr schwierig, eine Trommel mit einer Sichel zu schlagen. (Nigeria)

Gibt es ein besseres Bild für verwirrende Situationen, in denen man nicht mehr weiß, was zu tun ist und wie? Das passende Sprichwort parat zu haben erweist sich dann wieder einmal als eine gute Idee. Außerdem erlaubt es, die eigene Lage kritisch zu überprüfen oder als absurd zu erkennen.

Wenn du erkennst, dass du ein totes Pferd reitest, steige ab! (Lakota)

In Manager- und Sozialpädagogenkreisen kam das Sprichwort schon vor Jahrzehnten zum Einsatz. Und so wie man den zu Tode gerittenen Vergleich kennt, so rät es, sich nicht in Projekte zu verbeißen, deren Fehlschlag schon klar ist, und dazu, die Erkenntnis überhaupt zuzulassen.

Die Kreuzungen verwirren den Fremden immer. (Nigeria)

Schilder sind nicht nur in Nigeria in manchen Gegenden Mangelware. Es ist also auch gut, an Kreuzungen verwirrt zu sein, wenn man fremd ist. Und die Einheimischen dürfen darüber lächeln, wie die Fremden sich wundern und zu orientieren versuchen.

Er glaubt erst, dass zweimal zwei drei ist, nun sieht er ein, dass es fünf ist. (Russland)

Ganz in der Tradition Nikolai Gogols weist das Sprichwort auf die Unsicherheiten im Leben hin, vor allem auf die falschen Sicherheiten, die eigenen und die, welche die Allgemeinheit beherrschen.

Es ist nicht gut, vom Teller des Löwen zu essen. (Italien)

Schnell landet man selbst darauf. Hier ist die Ängstlichkeit etwas sehr Gesundes.

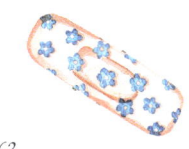

Nichts ist so beredt wie der Schwanz der Klapperschlange. (USA)

Die Furcht hat eben auch, um die Kapitelüberschrift zu variieren, große Ohren. Und gut ist es, sie zu benutzen, ist etwas so gefährlich und freundlich warnend wie Klapperschlangenrassel.

Wenn ein Elefant schrumpft, ist er immer noch ein Büffel. (Myanmar)

Wie oft reden Menschen Ängstlichen und Zweiflern ein, so schlimm sei es doch nicht. Das stimmt im Grunde ja auch, aber der Rest Bedrohlichkeit bleibt doch bedrohlich genug.

Wer die Furcht mitnimmt, den begleitet die Gefahr. (Bulgarien)

Furcht ist vor allem ein Gefühl ohne konkreten Anlass, und als solches vermutet es überall lauernde Gefahren. Sie irritiert und schwächt den sicheren Gang, was allein schon gefährlich ist.

Mit dem Netz der Feigheit werden nie gefischt des Glückes Störe. (Finnland)

Als Selbst- und Fremdermutigung taugt das Sprichwort sicherlich, ebenso als Ermunterung, sich überhaupt um die Störe des Glücks zu kümmern. Feigheit ist mit Angst oder Furcht nicht zu verwechseln.

Mut ist Furcht, die ihre Gebete gesprochen hat. (USA)

Eine schöne Idee, dass als Vorgefühl des Mutes die Furcht gesetzt wird. Sie ist eben menschlich. Der Ausdruck „seine Gebete gesprochen haben" weist darauf hin, dass jemand sich in Gottes Hand begibt und deshalb alles Weltliche, das begegnen wird, gelassen hinnehmen und nun mutig und selbstbewusst handeln kann.

Wer die Biene fürchtet, isst keinen Honig. (Türkei)

Süßes, das man gern hätte, hat nicht selten unangenehme Begleiterscheinungen.

Feiglinge können vielmals sterben vor ihrem Tod.

Umso wichtiger ist es, sich regelmäßig Situationen auszusetzen, die ängstigen. Die Konfrontationstherapie war lange vor ihrer Benennung bekannt. Der Dichter Goethe besiegte seine Höhenangst, indem er immer wieder das Straßburger Münster bestieg.

Hüte dich nur vor den Hunden, ihr Schatten beißt dich nicht.

Unterscheide gut, wovor Angst zu haben sinnvoll ist und wovor nicht.

Beim Überschreiten eines flachen Flusses denke, er wäre sehr tief. (Japan)

Vorsicht ist eine Tugend und Leichtsinn ein Laster für viele Kulturen. Unterschätzung ist besonders gefährlich.

Heute haben die Ziegen keine Angst mehr vor den Hunden. (Haiti)

Das Sprichwort gibt Mut. Wer einmal Angst hatte, kann sie verlernen. Ziegen, die Hunde als domestiziert erleben, fürchten sie nicht.

Was immer du tust, tue es vorsichtig und bedenke das Ende. (Antikes Rom)

Die Kombination der beiden Haltungen ist es, die besonders weises Leben ermöglicht. Die endgültigen, nicht nur die kurzfristigen Folgen bedenken, aufmerksam und mit Bedacht vorwärtsgehen, das ist kluges Leben.

Tapferkeit ist ein blindes Huhn.

Man spricht oft von Kopflosigkeit bei tollkühnen Unternehmungen. Das Sprichwort stellt klar, wie oft Tapferkeit die Augen vor den konkreten Gefahren verschließt und nur einem lächerlichen Huhn gleicht.

Die Maus schaut nicht in die Tasche der Katze, sie würde ihrer Mutter Kopf darin sehen. (Togo, Ewe)

Gehe mit Stärkeren, erst recht mit Feinden vorsichtig um, sei nicht neugierig. Du könntest nicht nur Schreckliches finden, sondern selbst schrecklich enden.

Während die Weisen zögern, erobern die Dummen die Festung. (Kroatien)

Macht der Erfolg der Dummen die Weisen zu Narren? Nein. Beides hat etwas: das weise Zögern und das dumme Drauflosstürmen. Nur wann ist was die richtige Wahl?

Zieh die Schlange aus dem Loch mit eines anderen Hand. (Arabisch)

Das Sprichwort gleicht der Fabel vom Kater und dem Affen, die beide gern Kastanien aus der Glut gegessen hätten. Der Affe nahm den Kater kurzentschlossen hoch und fischte mit dessen Pfoten schmerzfrei, freilich nur für sich selbst, die ersehnte Speise aus der Glut. Deshalb sagen wir heute noch „für jemanden die Kastanien aus dem Feuer holen".

Hüte dich, so groß du bist, denn die Macht weicht oft der List.

Ein doppelt zu verstehendes Sprichwort, denn nicht nur sollte sich der Große vor der List in Acht nehmen, der nicht so Mächtige sollte auch die List als ein mächtiges Mittel erkennen.

Aus dem Quark kommen

Bei Antriebslosigkeit, dumpfem Brüten und Passivität

„Eine warme Bettdecke hat tausend Arme." So heißt es in Bayern, freilich im schönsten und breitesten Dialekt, den man in der Schrift gar nicht richtig nachahmen kann. Geborgenheit und Wohlfühlen, das macht das Sprichwort deutlich, sind herrlich, aber sie machen auch passiv. Wenn man warm und sicher bedeckt ist, kann man sich den Aufbruch ins feindliche Leben oder auch nur in einen fordernden Alltag kaum vorstellen.

Ebenso zweideutig ist es ums Nachdenken bestellt. So ratsam es ist, vor einer Handlung die bestmögliche Ausführung in den Blick zu nehmen und mögliche Folgen, so hinderlich kann es sein, bis ins kleinste Detail zu forschen. Das kostet ja nicht nur Zeit, sondern verunsichert je länger, je mehr und kann sich sogar verselbständigen. Da folgen dann in rascher Folge Spruch und Widerspruch, bis man aus dem Gedanken-Wirrwarr gar nicht mehr herausfindet.

Schwächegefühle, Lethargie und Selbstzweifel kommen hinzu, die daran hindern, tätig zu werden. Wieder ist nicht von krankhaften Zuständen die Rede, welche ein Psychiater zu behandeln hätte. Es geht um sowohl um quälende als auch niederdrückende Gefühlslagen im Alltag, welche überwindbar erscheinen. Sie überhaupt wahrzunehmen und als Ursache fürs Untätigsein zu erkennen, ist schon hilfreich. Erfährt man, wie wirksam äußere Hilfe, beispielsweise durch Sprichwörter, sein kann, hilft es noch mehr.

Das Nichtstun kennt außerdem Lobredner und positive Geschichten. Wie viele Märchen handeln nicht vom langen Schlafen, das ungeheure Kräfte wachsen lässt. Man denke an den starken Wanja, der Jahre auf der Ofenbank verbringt. Doch irgendwann erkennen die Märchengestalten, dass sie genügend Kräfte gesammelt haben, und dann machen sie sich auf, um die Welt in Erstaunen zu versetzen. Solche Geschichten und der Kitzel eines heiteren Gedankens wirken gegen Passivität oft besser als in Aussicht gestellter Lohn oder Anerkennung als Lockmittel.

Wichtig ist es außerdem, sich nicht wegen Untätigkeit oder Trägheit selbst zu verachten. Es gibt nicht wenige Beispiele dafür, dass ähnliche Gefühle selbst hochproduktive Menschen heimsuchten. Der Autor und Forscher Georg Büchner gehört dazu. In seiner kurzen Lebenszeit von 1813 bis 1837 schuf er nicht nur ein literarisches Werk, das bis heute vital und bewundernswert ist, sondern er engagierte sich auch als Revolutionär und errang als Naturwissenschaftler eine Professur in Basel. Gleichwohl schrieb er in seinem Werk und in seinen Briefen immer wieder über Langeweile, fast übermächtige Lähmungsgedanken und ein „groß Gelüsten nach Faulheit".

Mach dir den Hintern nass! (Chile)

Man stellt sich in Chile einen Reiter vor einer Furt vor, der zögert, weil beim Durchreiten vielleicht der Hintern unangenehm feucht werden könnte. Was aber ist schon ein nasser Hintern gegen das schöne Gefühl, weiter und auf die andere Seite gekommen zu sein.

Man muss das Schamhütlein abnehmen, wenn man zu etwas kommen will. (Slowakei)

Ein sehr nettes Bild, das an die sprichwörtliche Denkkappe aus dem Englischen erinnert. Scham und höfliche Zurückhaltung sind an sich Tugenden, aber nicht als eine dauerhafte Einstellung. Der Wechsel erst von Scham und Forschheit macht ein gutes Leben aus, in dem man zu etwas kommt.

Eine faule Person weiß nicht, dass sie faul ist, bis sie eine Schildkröte fortschaffen will und die entkommt. (Hausa)

Das übertreibende Sprichwort wirkt dank seiner heiteren Szene anregend und vermag wohl jemandem Beine zu machen.

Halm um Halm baut der Vogel sein Nest.

Lass dich von großen Aufgaben nicht einschüchtern und lähmen. Nach und nach wird aus Kleinigkeiten etwas Großes.

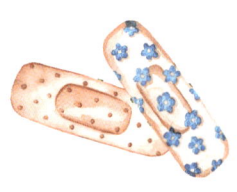

Wer sich nicht hilft, ertrinkt. (Venedig)
Die Gefahren von außen sind groß, die inneren nicht minder. Das Gefühl, ohne Hilfe von außen zu sein, kann lähmen, die Erkenntnis eigener Kraftreserven und Handlungsmöglichkeiten belebt.

Befrage dein Herz um ein Rechtsgutachten, selbst wenn die Rechtsgelehrten schon eins gegeben haben. (Mohammed)
Scheinbar unnötiges Nachdenken ist oft besonders menschlich. Recht zu haben, kann ein süßes Gefühl sein, gerecht und milde zu handeln, ein süßeres.

Die zweite Maus bekommt den Speck.
Zögern, anderen den Vortritt lassen, ist manchmal eine Tugend. Es ist gleichsam ein aktives, strategisches Warten, welches das Sprichwort empfiehlt.

Die Rampen für den Pyramidenbau verbrauchten mehr Steine als der Bau der Pyramide selbst.
Ehrlich gesagt, niemand weiß genau, wie die Pyramiden errichtet wurden. Hätte man jedenfalls Rampen verwendet, um die Steine bis an die Spitze zu schleifen, hätte man wirklich mehr Steine für sie verwenden müssen. Vorarbeiten, meint das Sprichwort, sind oft gut, oft aber verschlingen sie so viel Energie, dass man sich lieber auf die Hauptsache konzentrieren sollte.

Hinter dem Ofen wachsen keine Lorbeeren.
Eine schöne Variante heißt: Hinterm Ofen fängt man keine Hasen. So gemütlich eine Situation und das Untätigsein selbst sind, so klar ist die Tatsache, dass es zu nichts führt.

Wo kein Eifer ist, da ist auch keine Liebe.
Das Wort wirkt angestaubt: Eifer. Man kennt es noch in Eifersucht. In Verbindung mit Liebe mag es vielleicht doch anregend wirken und Schub verleihen. Wie wäre es mit Eiferliebe?

Der Eifer ist ein guter Diener, aber ein schlechter Herr.
Wie Trägheit als Laster gilt, so auch übergroßer Eifer, der rücksichtslos vorwärtsschreitet.

Mach Heu, während die Sonne scheint. (England)
Das Sprichwort rät: Gute Gelegenheit muss man nutzen. Es rät außerdem: Schau dich um! Wie sieht es um dich aus. Nur dann erkennt man ja die guten Gelegenheiten.

Sitzen wie Katze, springen wie Tiger. (Malaysia)
Lauern, geduldig, aufmerksam, ruhig, scheinbar harmlos, doch voll Spannkraft und dann eine Explosion von zielgerichteter Tätigkeit.

Je öfter man es tut, um so öfter tut man es.
Wer lange etwas unterlässt, ob Handwerk, Sport, Sex, der glaubt leicht, es gar nicht mehr zu können und findet nur schwer wieder einen Anfang. Mit ein wenig mutigem Selbstermuntern kann man nach dem ersten ein zweites Mal leichter angehen, und das dritte und vierte Mal verleihen allem neben Geläufigkeit die schönsten Nebengefühle.

Das Gold liegt dort, wo man es findet.
Der alte Goldgräberspruch klingt erst einmal wie Spott, und der steckt auch drin, aber er stellt en passant klar: Es findet nur Gold, wer es sucht.

Denke langsam, handle schnell.
Das alte Sprichwort wirkt wie eine kritische Beurteilung des Bestsellers *Schnelles Denken, langsames Denken*, indem es das instinktive, nicht selten zu schnelle Handeln und das ausführliche, weise Bedenken in eine schöne Verbindung setzt. Lasse dich nicht von Einfällen und liebgewordenen Überzeugungen verführen, rät das Sprichwort, wenn du aber alles durchdacht hast, zögere nicht mehr, sondern zieh die Sache durch.

Trägheit ist der halbe Tod.
Unterschätze den Hang zur Unbeweglichkeit nicht, denn er hat die Tendenz zur lähmenden Verselbständigung.

Lobe die Faulen, so werden sie flink.

Der paradox erscheinende Rat hat sehr viel für sich. Ob der Faule sich nun zur Tätigkeit provoziert fühlt, weil er erkennt, ohne Grund gelobt zu werden, oder ob er sich selbst durchs Lob neu, anders und aktiv wahrnimmt.

Wenn du den Pfad der Wahrheit entlanggehst, wirst du mit einem Hasen Schritt halten, selbst wenn er in einem Wagen fährt. (Mongolei)

Mit Wahrheit kommt man am besten und schnellsten ans Ziel, versichert uns das Sprichwort. Es bietet uns dazu ein phantasieanregendes Bild: In was für einem Wagen wohl Hasen fahren?

Wenn du ein Haar herausziehst (aus dem Mehl), tue es in der Weise, dass das Haar nicht gebrochen wird und das Mehl nicht verschüttet. (Malaysia)

Eine Kleinigkeit irritiert. Das macht oft passiv, aber mit aktiver Aufmerksamkeit auf das Kleine erreicht man das Gute, ohne einen Schaden anzurichten.

Altwerden ist nichts für Feiglinge

Wenn die Jahre Beschwerden machen

Sogar die größten Helden kämpften vergeblich gegen das Alter. In einer nordischen Sage unterliegt selbst Thor ihm, das ihn in Gestalt einer Greisin beim Ringkampf überwältigt. Erst später erkennt der Gott, wie hoch zu bewerten ist, dass er lange dem Alter standhalten konnte.

Das Wort „alt" vermeiden heute manche vorsichtig und auf sich selbst wenden es viele ungern an. Ist man mit 50 alt, mit 60, mit 70? Wir wissen, die Zahlen sind nichts im Vergleich zum Zustand von Körper und Geist. Und doch zählen die Jahre schon auch, weil sie allerlei Belastendes mit sich bringen: erlittenes Unrecht oder Leid, viele Sorgen, all die Tode der Freunde, Bekannten, Verwandten, der Verlust vor allem von Orientierungssicherheit, weil sich Gesellschaft, Technik, einfach die ganze Welt ändern. Wissen und Bildung, das schmerzt ebenfalls, die man sich über Jahrzehnte erwarb, sind plötzlich überholt oder nicht mehr gefragt. All das lastet auf einem.

Gelassenheit, Selbstgenügsamkeit, Ironie, Relativierung, Demut und Dankbarkeit – das sind die Positivpunkte auf der Lebensrechnung der Alten, zu denen sich der Verfasser mit gut 60 furchtlos und gern zählt. Selbstoptimierung hat jetzt kaum noch einen Reiz, aber zufrieden zu leben, bleibt erstrebenswert. Mit sich freundlich und nachsichtig umzugehen, ist eine gute Basis, aufmunternd aber auch!

Gegen den Tod ist kein Kraut gewachsen, das ist keine Frage, gegen Trübsalblasen, Minderwertigkeitsgefühle und Schwächeanfälle psychischer Art aber schon ein paar gute Sätze. Sie mögen leichtgewichtig wirken der Last der Jahre gegenüber und sind es auch, aber ist das Leichte nicht gerade im Alter etwas, das reizvoll und schön erscheint?

Vielleicht fühlen sich alte Menschen auch den Menschen nah, die vor langer Zeit die Sprichwörter erfanden, nicht selten werden es ja alte Menschen gewesen sein, die Sprichwörter mochten, sie gern im Munde führten und sich von ihnen leiten ließen.

Wer nicht alt werden will, muss sich jung hängen lassen.
Das drastische Sprichwort hat Witz und Kraft, aber es sollte am besten eine Person sich selbst sagen, nicht so sehr eine über die andere.

Muße mit Würde. (Otium cum dignitate, antikes Rom)
Vor allem der Staatsmann und Philosoph Cicero machte das Motto berühmt, das in vielfältiger Weise interpretiert wurde. „Muße", so viel ist klar, bedeutet keinesfalls „Nichtstun, Faulheit", sondern eine aktive Art von Ruhestand nach einem Leben voller Pflichten. Erfüllt man das pflichtlose Leben mit Sinn, ist es eines voll Würde.

Wenn Kinder wünschen, irgendwann einmal in der Zukunft so glücklich zu sein, einen Polarbären zu fangen, müssen sie die grauen Haare von den Köpfen der Alten pflücken. (Ureinwohner Grönlands)
Graue Haare stehen in diesem Sprichwort für Erfahrung und Weisheit, die man Haar für Haar und im Laufe langer Zeit erst von den Alten erwerben kann.

Diese Haare sind nicht in der Mühle ergraut. (Türkei)
Erzähle mir nichts und versuch nicht, mich zu übertölpeln, denn meine Haare ergrauten nicht vom Mehlstaub der Mühle, sondern dank vieler Erfahrungen und dem Alter.

Wir können niemals die Sonne aufgehen sehen, sehen wir gen Westen. (Japan)
Schau nicht dauernd in die Vergangenheit! Und tu nichts Sinnloses.

Alt, wenn du willst, aber so wie das alte Eichhörnchen, das sich weigerte, auf dem Boden zu schlafen. (Malaysia)
In den Zweigen oben sitzen nämlich die Weibchen. Unterschätze die Alten nicht, die noch mehr im Sinn und Körperenergie haben, als viele meinen.

Alte Freundschaft ist bald erneuert.
Manchmal vergisst man im Alter die Macht und den Segen der Freundschaft, dabei ist es leicht, beides wieder zu erfahren.

Der Tiger alt, aber die Klauen nicht alt. (Haiti)
Manches altert anders als der ganze Mensch und ist so qualitätvoll wie in jungen Jahren.

Den Älteren kann man nicht einholen, genauso wie der Hammer den Stein an Alter nicht einholen kann. (Uganda)
Der Stein ist die Urform des Hammers, wie Archäologen wissen, und die alten Menschen sind in vielem den Jungen voraus. Darauf darf man schon auch stolz sein.

Wenn dein Gehstock bricht, geh auf allen vieren. (Malaysia)
Leicht ist es nicht, aber das Alter bietet oft immer noch einen Ausweg, ist er auch zuvor eine verachtete Alternative.

Der Teufel ist schlau, nicht weil er Teufel ist, sondern weil er alt ist. (Chile)
Die lange Erfahrung ist unüberschätzbar.

Wer hundert Jahre Kakao trinkt, wird sehr alt.
Das kinderverwirrende Sprichwort erheitert auch alte Menschen.

Der Verstand steckt nicht im Altern, sondern im Kopf. (Türkei)
Es gibt natürlich auch Alte, die nur alt sind und nicht viele Erfahrungen, Kenntnisse, Fähigkeiten zu bieten haben, weil die Jahre allein sie nicht wachsen lassen.

Alte Freunde und alte Wege soll man nicht verlassen.
Ein altmodisches Sprichwort, ja, aber es bleibt ein wahres, denn es wird schwerer, im Alter Freunde und Wege neu zu finden.

Alte Hunde liegen gern am Ofen.
Wie gut, wenn sie es dürfen, wenn sie es sich gönnen nach diensteifrigen Jahren und die Hausgenossen es gern sehen!

Alte Ochsen machen gerade Furchen.
Junge Ochsen sind ungebärdig und benötigen noch ein Blendbrett, um sie gefügig zu halten, die alten trotten brav und gut voran.

Wenn der Löwe alt ist, fängt er an, vor Rattenlöchern zu lauern. (Türkei)
Es klingt lächerlich und ist doch ein kluges Verhalten, wenn man mit seinen Kräften haushalten muss, mit kleinerer Beute vorliebzunehmen.

Altes Leder will Schmiere.
Und so benötigen alte Menschen Zuwendung; für die Haut und für die Seele, um nicht brüchig zu werden.

Er hat seinen Pfeil abgeschossen und seinen Bogen aufgehängt. (Türkei)
Er hat getan, was zu tun war, lebt nun mit allem recht bequem.

Narren und Alten muss man viel zugutehalten.
Nachsicht und Toleranz darf man als Alter erwarten; und ein wenig Narrheit sich gönnen.

Die Stöße der Jugend fühlt man im Alter.
Das Sprichwort rät dazu, in der Jugend nicht zu viele Risiken einzugehen, weil sie Spätfolgen haben können, aber die andere Seite gibt es auch. Wer alt ist, die Stöße der Jugend fühlt, erinnert sich an die Jugend, in der man noch Stöße des Lebens mutwillig provozierte, und das kann schön sein, wehmütig, sentimental, heiter machen.

Man ist oft zu jung zum Freien, aber niemals zu alt zum Lieben.
Tröstlich ist das Sprichwort für beide, denn beiden winkt Liebesglück, nur etwas später.

Niemand ist so alt, er kann noch ein Jahr leben.
Das Sprichwort spricht von der immer möglichen Lebenslust und weiteren Lebenszeit auch im höchsten Alter. Die Zahl der Jahre allein ist bedeutungslos. Das gilt für Angehörige genauso. Trau den Verwandten noch eine Zeit vitalen Daseins zu.

Was alt ist, brummt gern.
Ein Bär, eine Hummel, manch ein Ofen, sie alle brummen in schönster Weise. Daran dürfen sich alte Menschen ein Beispiel nehmen. Und jüngere dürfen das Brummen selbst im Sinne von unzufriedenen Worten ebenfalls als ein Beiprodukt des Alters nehmen und mit Humor.

Sei gut zu dir!

Pflegende Sprichwörter
und ein paar internationale
Gesundheitsweisheiten
zum Schluss

*E*s ist keine kleine Gabe, mit sich befreundet sein zu können. Dazu gehören Selbstgespräche, die gar nichts Krankhaftes haben müssen, wie mir ein Psychotherapeut einmal erläuterte, im Gegenteil. Wer sich mit sich selbst bespricht, ob laut oder leise, nimmt sich ernst und nimmt sich wahr. In einem stecken so viele Persönlichkeitsanteile und so viele vergangene Ichs. Das oft zitierte Kind, aber auch frühere Existenzen im Jugend- und Erwachsenenalter. Man kann sich das wie ein Haus vorstellen, in dem sie alle wohnen, die ängstlichen und die mutigen, die liebevollen und die wütenden Anteile, die man hat. Wenn sie im Austausch bleiben, ist es eine produktive Seelenwohngemeinschaft.

Nun, jede und jeder findet sicher selbst ein passendes Bild dafür, wie man mit sich selbst in einem dynamischen Gleichgewicht leben kann. Die folgenden Sprichwörter helfen vielleicht ein wenig. Darunter befinden sich auch solche, die der Gesundheit zuträglich sind, und einige, welche sich zum Abschluss der Qualität von Sprichwörtern selbst widmen. Mögen Sie Freude und Nutzen daraus ziehen!

Lausche den Geräuschen des Flusses und du wirst eine Forelle fangen. (Irland)
Hingabe, Konzentration, Eintauchen ins Hier und Jetzt bringt immer Lohn.

Es ist kein Fehler und Laster, es gibt dafür ein Pflaster.
Verzweifle nicht über das Negative, vertraue auf Heilung und liebendes Überdecken.

Viel Gutes langweilt nicht. (Russland)
Manchmal wird man misstrauisch, wenn immer noch etwas Schönes geschieht. Das sollte man nicht tun, sondern sich der Freude hingeben.

Wenn du schnell ans Ziel willst, geh langsam.
Auf diese Weise nimmst du mehr wahr und mehr mit unterwegs, und die Gefahr zu straucheln oder dich ungesund zu überanstrengen, das Ziel gar zu übersehen, verringert sich entschieden.

Nimm, was gut ist, und lass den Rest zurück.
Schlechtes zieht viel Aufmerksamkeit auf sich, zu viel! Wer auch das Gute, Nützliche, Positive achtet, kann von sehr vielem profitieren – und sei's nur ein bisschen.

Wenn Wasser zu dir sagt: „Trinke mich nicht!", so sagst du ihm: „Ich habe keinen Durst!", sagt es: „Bade dich nicht in mir!", so antwortest du: „Ich bin ja nicht schmutzig!" (Uganda)

Stolz und Unabhängigkeit lehrt das Sprichwort. Mache dich nicht unnötig klein, wo dir Ablehnung signalisiert wird!

Nur die Lumpe sind bescheiden, Brave freuen sich der Tat. (Johann Wolfgang Goethe)

Vor viertausend Jahren gab es Selbstlobhymnen von Göttern wie Inanna. Heute erscheint uns das lächerlich. Goethe rät, sich unbescheiden in einem schönen Sinn des Geschaffenen zu freuen. Warum nicht einmal sich selbst gratulieren?

Weniger als alles andere brauchen Vergnügungen eine Verteidigung. (Bertolt Brecht)

Die bürgerliche Moral lehrte jahrhundertelang, fleißig zu sein, immer tätig, ernst. Wir wissen, wie recht Brecht hat, wenn wir an die vitale, freie, befreiende Wirkung des Vergnügens denken.

Das Herz ist ein halber Prophet. (Jiddisch)
Sehr oft ist da ein Gefühl, eine Gestimmtheit, die wir ebenso oft leider übersehen. Dabei rät das Herz oft klug. Das Sprichwort ist gleichwohl zusammen mit einem anderen Sprichwort zu lesen: „Jedes Sprichwort hat seinen Sinn und seinen Hintersinn." Es ist vom „halben" Propheten die Rede. Folge nicht blind dem Herzen. Das sagt es auch.

Arzt, heil dich selbst. (Antikes Israel)
Man kennt die Ratgeber, die den Rat nie auf sich selbst anwenden. Umgekehrt gilt: Vermag der Arzt sich selbst zu heilen, überzeugt seine Heilkunst besonders.

Glück ist: gute Gesundheit und schlechtes Gedächtnis. (Spanien)
Das Erste ist klar, aber das Zweite darf man kurz erläutern: Erinnerungen belasten oft, ob man etwas bereut, vermisst, sich darüber ärgert.

Das Sprichwort ist wie ein Pferd – wenn die Wahrheit fehlt, benutzen wir es, um sie zu finden. (Nigeria u. a., Volk der Yoruba)
Die Wahrheit gleicht einem Schatz oder einem ausgebüxten Stück Vieh, das man wiederfinden muss. Wer da ein Sprichwort zu reiten versteht, ist auf gutem Wege.

Das Regenwasser enthält kein Salz, das Sprichwort keine Lüge. (Mongolei)

Indirekt weist das Sprichwort darauf hin, dass es auch nicht die Wahrheit ist. „Keine Lüge" ist freilich schon eine Menge.

Ein Sprichwort ist ein Wegwort. (Griechenland)

Es kann begleiten wie ein Freund, es kann leiten wie ein Wegweiser, es kann selbst ein Weg sein und eine Brücke.

Ein Sprichwort ist eine Knospe und Blüte, das Salz und ein Stern im Gespräch. (Hebräisch)

Ein hohes Lob, ein hoher Anspruch. Benutze das Sprichwort so, dass es genauso schön wirkt, wie dieses Sprichwort es verspricht.

Das Sprichwort spiegelt dich selbst. (Arabisch)

Achte darauf, nicht gedankenlos nachzuplappern, was Generationen vor dir gesagt haben, sondern etwas dir Eigenes zu sagen, das gerade in diesem Moment wie du ist.

Sprichwörter kommen zwar nicht in den Koran, sie laufen mit ihm aber Mähne an Mähne. (Türkei)

Gleichauf mit dem heiligen Buch? Ein schöneres Kompliment ist nicht denkbar. Und wieder ist das Pferd ein Bild, das einer Kultur einfällt, ist vom Sprichwort die Rede.

Ein Sprichwort ist das Blatt, das man braucht, um ein Wort zu essen. (Ghana)

Wir verleiben uns Weisheit ein, wir verschlingen ein Buch, und weit über das Gebiet hinaus, wo man mit Blättern isst, erweist sich das Sprichwort als schöne Unterstützung, um etwas wirklich zu verstehen.

Ein Häuptling ist ein Hai, der über Land reist. (Hawaii)

In allen Menschen steckt so viel, das ein treffendes Bild befreien und zur Entfaltung bringen kann. Die Möglichkeit, andere mit Kraft, Selbstbewusstsein und Eleganz zu führen, wohl auch.